AF198830

SILKE SCHÄFER Hg.

und weitere Autor/innen

Miezologie

Das Buch

Teil 1: Kurzgeschichten aus der schnurrigen Welt der Katzen, erzählt von echten Miezen und von ihren Menschen.
Teil 2: Für Katzen-Neuanfänger und für erfahrene Halter gleichermaßen praktisch – eine Zusammenstellung von unterhaltsamen und nützlichen Informationen, die das kätzisch-menschliche Zusammenleben bereichern können.

(Bereits erschienen: 2020 Anthologie FELIMANIA)

Das Buchteam

Sandra Brock lebt mit Mann (Zitat: „dem besten Ehemann von allen"), zwei Dackeln („Die Spunkse") und einer Gruppe Katzen (zurzeit sechs) in Dinslaken am Niederrhein. Sie ist Tanzschulinhaberin und Tanzlehrerin aus Leidenschaft, begeisterte Gärtnerin und Katzenfan seit ihrer Kindheit. Im Hause Brock befindet sich im Dachgeschoss die Pflegestelle für die Katzenhilfe Bocholt.

Natascha Kempers, im Hauptberuf kaufmännische Angestellte in einem Chemieunternehmen, gründete 2013 mit einigen Gleichgesinnten die Katzenhilfe Bocholt e.V. und amtiert als 1. Vorsitzende. Tiere sind für sie jeden Tag ein Thema, im Verein und auch privat. Am grünen Rand von Bocholt lebt sie mit ihrem Lebensgefährten sowie fünfzehn Katzen, zwei Eseln und zwei Ponys.

Silke Schäfer ist gelernte Grafische Zeichnerin, jetzt im Ruhestand, und lebt mit Katern und Hund in Duisburg. Nach zwei Büchern im Themenbereich Fantasy widmete sie sich 2020 mit „Felimania" dem Herzensthema Tierschutz. Der vorliegende Band „Miezologie" ist das zweite Benefiz-Projekt für die Katzenhilfe Bocholt.

SILKE SCHÄFER Hg.

und weitere Autor/innen

MIEZOLOGIE

Geschichten für die Katz'

Anthologie

Bibliografische Information der Deutschen Nationalbibliothek: Die
Deutsche Nationalbibliothek verzeichnet diese Publikation in der
Deutschen Nationalbibliografie; detaillierte bibliografische Daten
sind im Internet über dnb.dnb.de abrufbar.

© 2023 Silke Schäfer
Gestaltung und Illustrationen: Silke Schäfer.
Foto von Kater Raggi: Sabua Gärtig.
Alle Teile dieses Werkes, insbesondere Texte und Grafiken, sind
urheberrechtlich geschützt, für die textlichen Inhalte sowie für
die Links ab Seite 212 gilt die alleinige Verantwortlichkeit der
jeweiligen Autor/innen.
Jegliches Erfassen, Kopieren, Speichern, Verbreiten gilt ausschließlich
zur privaten Verwendung und bedarf, wenn im Buchtext nicht aus-
drücklich freigegeben, der vorherigen schriftlichen Zustimmung des
Copyright-Inhabers.

Herstellung und Verlag:
BoD – Books on Demand, Norderstedt

ISBN 9 783750 432963

Wer eine Katze hat, braucht das Alleinsein
nicht zu fürchten.

(Daniel Defoe)

Danksagung

Etwas Neues zu unternehmen kann sehr anstrengend, schwierig und herausfordernd sein. Doch hat man es dann einmal erfolgreich hingekriegt, ist ein zweites Mal keine Besonderheit mehr.

Das Gegenteil trifft auf dieses Buch zu. Ich danke darum allen Autorinnen und Autoren, die sich mit ihren Texten an der Miezologie beteiligt haben, in einer Zeit, die offenbar bei vielen Menschen die Schreiblust lahmgelegt hat (hoffentlich nur vorübergehend).

Durch diese Zusammenarbeit konnten wir in gleichem Stil und Inhalt an das erste Katzenbuchprojekt Felimania anknüpfen.

Im Namen des Buchteams, Kater Raggi und aller Katzen, die zukünftig davon profitieren werden: Danke, dass eure Geschichten wieder dort zur Hilfe beitragen, wo sie dringend benötigt wird.

Silke Schäfer

Inhaltsverzeichnis

Teil 1: Geschichten

Teil 2: Allerlei Kätzisches

9

Vorwort

Liebe Katzenfreunde,

Katzen begleiten mich schon mein Leben lang. Meine erste Katze hat mir mein Vater mitgebracht, es war ein kleines getigertes Wesen, welches er auf einem Schrottplatz gefunden hatte. Das Kätzchen war verletzt und durfte bei uns gesund werden. Ich kann mich beim besten Willen nicht erinnern, ob es ein Junge oder ein Mädchen war. Aber ich weiß noch, dass es einen Knick im Schwanz hatte und in einem Auge einen dunklen Fleck, und dass ich darauf bestand, dass sie (oder er) Elli gerufen wurde. Fünfjährigen ist das mit dem Geschlecht vermutlich ziemlich egal. Aber diese Katze war gewiss der Auslöser für meine Begeisterung für Samtpfoten.

Seit 2016 beherbergen mein Mann und ich in unserem Haus nun schon die Pflegestelle der Katzenhilfe Bocholt e.V., und wir haben seitdem unzählige Katzen begleitet. Einige bei der Geburt, andere beim Vertrauen fassen und zahm werden, ganz viele beim Genesen, und einige wenige mussten wir leider auch über die Regenbogenbrücke gehen lassen. Aber letztendlich haben wir fast alle zu ihren neuen Familien begleitet.

Es sei denn, sie sind geradewegs bei uns eingezogen, wie zum Beispiel der kleine Muck und sein Bruder. Auch das geschieht hin und wieder. Dieses Phänomen heißt in Katzenretterfachkreisen übrigens „Pflegestellenversager". In diesem Buch könnt ihr nachlesen, wie ich zum 1a Pflegestellenversager wurde. Das ist mir nicht nur einmal passiert. Oder was meint ihr, wie ich an aktuell sechs Katzen gekommen bin …

Meine Erlebnisse mit Pflegekatzen habe ich gerne zu diesem neuen Buch beigesteuert, weil ich finde, dass sie wichtig sind.

Ich möchte den Streunern auf dieser Welt ein Gesicht geben. Und weil ich sie natürlich liebgewonnen habe. Denn nicht nur die Katzen unseres eigenen Haushaltes gehören zur Familie, die Pflegekatzen sind in unseren Herzen genauso „unsere Katzen". Bei so manchem Kätzchen habe ich bei seinem Auszug eine Träne verdrückt. Und jedes Mal, wenn ich von ehemaligen Pflegis und ihren Familien Nachricht bekomme, und sei es nur ein Schnappschuss von einer zufrieden schlafenden Katze, geht mir das Herz auf. Dann weiß man, wofür man all die Mühen auf sich genommen hat.

Manchmal geht die Zusammenführung von Katze und neuer Familie trotz allem daneben. Dann sind wir als Verein aber auch für die Katzen und ihre Menschen da, um zu helfen, wie in diesem Buch beschrieben.

Mit Begeisterung lese ich natürlich, was andere Menschen mit ihren Katzen erlebt haben. So manches kommt mir sehr bekannt vor, anderes erstaunt selbst mich mit meiner mittlerweile 50-jährigen Katzenerfahrung noch immer. Auf jeden Fall sind unsere Lieblinge oft für eine Überraschung gut. Zum Beispiel ein Frühstück am Bett. Aber das lasst ihr euch lieber von Raggi selbst erzählen.

An dieser Stelle möchte ich einmal meinen Dank an meinen Mann Michael für die Unterstützung ausdrücken. Er baut Quarantänebereiche, Kratzbäume und Krankenreviere. Er schleppt Säcke mit Futter und Klostreu, und er hat ein wunderbares Händchen für scheue Katzen. Ohne seine tatkräftige Unterstützung wäre das alles nicht leistbar.

Dass es die Katzenhilfe Bocholt gibt, ist gut. Dass sie notwendig ist, eine traurige Tatsache. Ich bedanke mich bei allen, die unsere Arbeit für die Katzen unterstützen, in welcher Form auch immer, und wünsche schöne Stunden bei der Lektüre über die Katzen und ihre Menschen.

Sandra Brock – Katzenhilfe Bocholt e.V.

Hallo, hier schreibt der Raggi!

Bin ich inzwischen schon so berühmt, dass ihr mich alle kennt? Vielleicht. Für alle anderen hier mein Lebenslauf in Kurzform: Mein Name ist Ragnar, und ich bin ein stolzer, weltgewandter Kater. Auch wenn meine Menschen-Mama mich gern immer noch Raggi nennt. Aber dass aus mir mal etwas Besonderes wird, hat sie schon gesehen, als ich erst drei Wochen alt war.

Wir sind ein tolles Team, meine Mama Sandra und ich. Sie kümmert sich um ganz viele andere Kätzchen, die Hilfe brauchen. Und auch um ganz viele Menschen, die gerne tanzen.

Für ganz viele Menschen, die Katzen lieben und gerne lesen, habe ich wieder Geschichten gesammelt. Für euch. Und nach den Geschichten kommen wieder andere Sachen, so Dinge für den Hausgebrauch oder einfach um drüber Bescheid zu wissen.

Wer kann schon sagen, wann man das mal braucht?

Ich bin jedenfalls ganz froh, dass die Mama genau das Richtige getan hat, als ich mal in Schwierigkeiten geraten bin. Könnt ihr hier alles nachlesen. Und das könnte euch ja auch mal passieren … euren Katzen, meine ich.

Aber ich verrate noch nix. Viel Spaß beim Lesen!

Euer Raggi

Warum es ein zweites Buch gibt

Der Inhalt eines Buches nutzt sich nicht ab, wenn man ihn öfter liest, aber noch schöner ist ein Folgeband mit neuen Texten. Außerdem bringen zwei Bücher mehr Unterstützung für die Katzenhilfe Bocholt e.V. als eines.

Die Arbeit am Vorläufer „Felimania" hatte so viel Spaß gemacht, dass ich währenddessen schon überlegte, nach Ablauf von zwei Jahren das nächste Katzenbuch in Angriff zu nehmen. Eine Gestaltungsstruktur gab es ja nun schon, und ich musste sie nur noch mit neuen Inhalten füllen.

Nur noch. Hahaha …

Geplant war, dass auch die „Miezologie" rechtzeitig zu Weihnachten erhältlich sein sollte. Einen funktionierenden Zeitplan gab es ja bereits, an dem ich mich orientieren konnte. Doch dieses Mal liefen die Dinge anders.

Der Einsendeschluss rückte näher, und das Manuskript befand sich noch nicht mal in der Nähe der angedachten Seitenzahl. Zweimal wurde er verlängert, und endlich waren genug Texte beisammen, um das Buch zu vollenden. Das mit Weihnachten wurde nun nichts mehr, aber Ostern war zu schaffen.

Ich freue mich, dass doch so viele liebe Menschen sich beteiligt haben, manche sogar mit mehreren Geschichten. Auch bei diesem Buch gehen für jedes verkaufte Exemplar 2,- Euro als Spende an den Verein.

Tierschutz kostet Geld, und seit der Preiserhöhung beim Tierarzt im November 2022 kommt noch mal ein Schippchen obendrauf. Zusammen mit den gestiegenen Preisen für Futter und Energie ergibt das eine Last, auf die kein Tierschutzverein vorbereitet sein konnte. Doch die hungrigen Mäulchen wollen weiterhin gestopft werden, Wunden müssen versorgt und Operationen durchgeführt werden.

Nun viel Spaß beim Lesen, herzlich grüßt

Silke Schäfer

Teil 1

Geschichten

Der Eskorte-Kater

Saskia Bannister

„Habe ich dir schon von meinem Verehrer erzählt? Wenn ich spät nachts unterwegs bin, holt er mich an der Ecke dort ab." Ich zeigte auf den Pfeiler eines Gartenzauns. „Allerdings könnte es auch eine Verehrerin sein, so genau habe ich nicht hingeschaut. Von der Statur her würde ich aber auf einen jungen Mann tippen." Der irritierte Gesichtsausdruck meines Dates brachte mich zum Lachen. Um ihn nicht noch mehr zu verwirren, klärte ich ihn auf: „Hier schleicht nachts oft ein Kater herum, der mich auf dem Heimweg abfängt."

„Ach echt?" Sofort entspannten sich die Gesichtszüge meiner Begleitung.

Als ob wir es einstudiert hätten, huschte ein weißer, flauschiger Schatten herbei und begrüßte mich mit einem kurzen Maunzen.

„Krass, da ist ja wirklich ein Kater."

„Sag ich doch." Ich kniete mich hin und fuhr mit den Fingern durch das lange, weiche Fell des Tigers. „Auf ihn ist immer Verlass." Und so war es auch. Während Dates kamen und gingen, war es dieser Kater, der dafür sorgte, dass ich den Abend mit einem Lächeln beenden konnte.

Eines Tages musste ich mich mit der Realität abfinden, dass meine Zwanzigerjahre sich dem Ende neigten. Das erste Mal wollte ich meinen Geburtstag etwas größer feiern. In Ermangelung eines eigenen Autos bat ich eine Freundin, mit mir für den Anlass einkaufen zu gehen. Als wir wieder bei meiner Wohnung angelangt waren, entdeckte ich in der Ferne meinen Begleitkater. Es war ungewöhnlich, dass ich ihn bei Tage zu Gesicht bekam. Aufmerksam beobachtete er, wie wir die schweren Einkäufe reintrugen. Mehrere Gänge waren nötig, um den Wagen auszuladen. Jedes Mal, wenn ich eine weitere Kiste aus dem Auto hob, stellte ich fest, dass der Kater einige Meter nähergekommen war.

„Endlich ist es geschafft." Ich massierte meine Hände und ließ kurz meine Schultern kreisen, um sie zu lockern. „Hoffentlich reicht das an Essen und Getränken." Gekostet hat es zumindest genug, fügte ich in Gedanken hinzu und dachte an mein geschundenes Konto. Wie gut, dass man nur einmal Dreißig wird.

Ich bedankte mich bei meiner Freundin für ihre Unterstützung und verabschiedete mich von ihr. Als ihr Auto außer Sichtweite war, wandte ich mich um. Enttäuscht musste ich feststellen, dass auch der Kater verschwunden war. Zu gern hätte ich dem süßen Fratz noch ein paar Krauleinheiten gegönnt.

Ich löste den Türfeststeller und kehrte ins Haus zurück. Zu meiner Überraschung starrten mich große, goldene Augen erwartungsvoll an, als ich die Wohnung betrat. „Du Schlingel! Für gewöhnlich wartet man, bis die Dame einen hereinbittet", tadelte ich und näherte mich der Fellnase. Bei dem Versuch den Kater hochzuheben, drang ein patziger Laut aus seiner Kehle. Damit gab er mir unmissverständlich zu verstehen, dass er nicht auf den Arm genommen werden wollte. „Leider ist der Zutritt für Katzen hier untersagt", versuchte ich ihm zu erklären, doch meine Worte beeindruckten ihn nicht im Geringsten. Er streifte durch die Wohnung, als würde er sein neues Königreich erkunden. Zuerst musste das Schlafgemach mit Augen und Nase begutachtet werden. Dann folgten die Küche und das Wohnzimmer.

Ich ließ die Wohnungstür offenstehen, in der Hoffnung, dass der Kater schnell das Interesse verlieren und wieder zu seinem eigentlichen zu Hause zurückkehren würde. Seine Besitzer vermissten ihn bestimmt schon. Als er freiwillig mein Domizil verließ, rechnete ich damit, dass er seine Besichtigungstour beendet hätte, doch da hatte ich mich geirrt. Schließlich verfügte das Haus noch über mehrere Etagen, die man erforschen konnte. Der Kater eilte hinauf zu den Nachbarwohnungen. Dabei hielt er zwischenzeitlich auf der Treppe inne und warf mir einen Blick zu, der mir verriet, dass ich ihm folgen sollte.

„Mein Lieber, der Ausgang ist hier unten." Ich holte zu ihm auf und wagte einen weiteren Versuch ihn hochzuheben, mit dem gleichen Ergebnis wie zuvor. Wie sollte ich den Kater nach draußen schaffen, wenn er sich nicht anfassen ließ?

Ich dachte an die Katze meiner Eltern, die für ein Stück Wurst alles um sich herum vergaß. Vielleicht wäre das Mittel genug, um den Kater herauszulocken. Schnell holte ich ein

Stück der Fleischware aus der Küche und hielt es dem Tiger vor die Nase. Nach kurzem Beschnuppern wandte er sich aber von dem Lockmittel ab und setzte seine Forschungsreise fort. „Hätte ich mir denken können, dass du ein Gourmet-Kater bist. Naja, Wurst ist auch nicht die beste Nahrung für Katzen, von daher sei dir verziehen."

Eine letzte Idee hatte ich noch. Wenn Verfressenheit nicht seine Schwäche war, dann vielleicht sein Jagdtrieb. Ich entsorgte die Wurst und schnappte mir einen mit Straußenfedern bestückten Staubwedel, der mir vor Jahren geschenkt worden war. Mit kleinen kreisenden Bewegungen ließ ich das Haushaltsgerät über den Boden gleiten. Kaum hatte der Kater das Rascheln der Federn wahrgenommen, machte er auf dem Treppenabsatz kehrt und stürzte sich auf sie. Er war so sehr auf die Jagd fokussiert, dass er gar nicht bemerkte, wie ich ihn langsam nach draußen lotste. Kaum war er an der frischen Luft, schloss ich die Haustür hinter ihm.

Neben dem Triumph verspürte ich ein schlechtes Gewissen, schließlich hatte ich den Tiger überlistet. Gerne hätte ich ihn bei mir behalten, aber er hatte eine Familie, die auf ihn wartete, und ich durfte keine Haustiere halten. Es war das letzte Mal, dass ich den Kater zu Gesicht bekam. Ob er mich absichtlich mied oder sich unsere Wege einfach nicht mehr kreuzten, kann ich nicht sagen. Schade eigentlich, denn ich fand es schön, nachts einen Gleichgesinnten anzutreffen, der mich nach Hause eskortierte.

Kitten zähmen leicht gemacht

Sandra Brock

Diese Geschichte geschah, bevor ich die Katzenhilfe Bocholt e.v. kennenlernte. Davor kooperierte ich mit einer netten Dame aus Oberhausen und finanzierte alles noch aus eigener Tasche.

Es war früher Abend, als das Telefon klingelte, die Oberhausener Tierschutzkollegin am Telefon: „Wir sind hier an der Müllverbrennung Oberhausen am Kastrieren und haben ein Kitten gefangen, etwa drei Monate alt, hast du eine Pflegestelle frei? Wir kriegen den nirgends unter, Tierheim Oberhausen ist voll und Duisburg will den nicht. Und wir wollen ihn nicht wieder rennen lassen, der sieht nicht gut aus."

Ich so: „Klar, Raum ist gerade frei, bring vorbei."

So oder ähnlich beginnen in der Regel die Geschichten der Katzen, die wir bei uns zum Aufpäppeln bekommen. Auch die vom kleinen Muck, seinem Bruder Brumbi und der Mami Katie.

Also kam an einem kalten Oktoberabend 2014 ein kleines schwarzes Kätzchen mit weißen Pfötchen und einem großen weißen Latz zu uns auf die Pflegestelle. Das zauberhafteste an seinem Aussehen war der für ein Kitten schon recht beachtliche weiße Schnurrbart im schwarzen Gesicht. Er hatte einiges im Gepäck. Flöhe, Würmer und natürlich vor allem Hunger. Und leider auch viel, viel Angst. Er versteckte sich sofort hinter der Couch, und nur an den geleerten Tellern und den Hinterlassenschaften im Katzenklo erkannte ich, dass ich einen kleinen Gast hatte. Ein Gast mit flottem Otto ... Nach der Wurmkur kriegten wir das aber zum Glück schnell in den Griff.

Nur wenige Tage später wurde ein weiteres, komplett schwarzes Kitten gefangen, ein Geschwisterchen, das selbstverständlich mit bei uns einziehen durfte. Und endlich kriegten wir auch die dazugehörige Mami. Die hatte man gefangen, um sie, wie im Streunerschutz üblich, schnell zu kastrieren und dann sofort wieder an der Futterstelle rauslassen. Während der Kastra stellte sich heraus, dass sie eine schwere Gebärmutterentzündung hatte, fieberte und sehr schwach war. Sie wieder rauszulassen wäre ihr sicheres Todesurteil gewesen. Sie brauchte Antibiose und Ruhe, damit sie wieder zu Kräften kommen konnte. So kam die wilde Mami, ebenfalls wunderschön schwarz, auch zu mir. Alle drei versteckten sich und wollten so gar nichts von mir wissen. Das Futter verschwand auf wundersame Weise, die Katzentoiletten wurden regelmäßig besucht und ansonsten waren es Geisterkatzen. Nur nachts war oben Katzenparty. Beliebt war vor allem die 3-Uhr-Morgen-Gymnastik. Ich fragte mich, ob ich wirklich Pflegekatzen hatte oder ob es eventuell Pflegeelefanten waren.

Doch sobald ich den Raum betrat, saßen die drei hinter der Couch und sagten keinen Mucks.

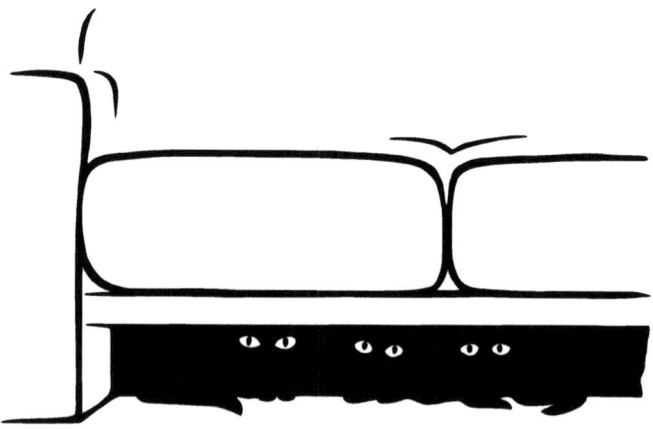

Also habe ich einen Trick angewandt, den ich schon vorher oft erprobt hatte. Absolutes Stillsitzen.

Ich habe den Futterteller direkt dort platziert, wo die Bande sich versteckte. Neben der Couch. Einen Delikatessenteller, der unwiderstehlich duftete. Rohes Hähnchenfleisch, Thunfisch aus der Dose, Kochschinken in Streifen, Sahnequark, Knusperleckerchen, Kittentrockenfutter und gutes Dosenfutter. Alles in Häppchen appetitlich auf einem großen Teller angerichtet. Buffet für die Katz' sozusagen.

Und dann habe ich mich an dem Punkt im Raum auf den Boden gekauert, der am weitesten vom Futter entfernt war. Ich nahm die Position einer dösenden Katze ein (auf den Fersen sitzen, Oberkörper vor, auf den Ellenbogen abstützen und die Unterarme verschränken. Man sollte eine Yoga-Position danach benennen.) Und dann hieß es abwarten.

Die Position lässt einen Menschen klein und ungefährlich aussehen für die Katzen, birgt aber leider ein paar nicht unwesentliche Nachteile. Die Beine schlafen irgendwann ein, und dann spürt man gnädigerweise nicht mehr, wie sehr die Knie wehtun. Atmen, nicht bewegen und ruuuuuuhig warten. Es hat letztendlich etwas Meditatives.

Fast eine Stunde verging, bis sich etwas regte. Das Laminat war mittlerweile schon eine Symbiose mit meinen Knien und Ellenbogen eingegangen. Hinter der Couch kam ein kleiner weißer Bart hervor. Ich atmete hörbar ein – faaaaaaalscher Fehler. Das Geräusch bewirkte, dass der weiße Schnurrbart blitzschnell verschwand. Gefühlte Stunden später kam ein schwarzes Gesicht um die Ecke. Mamikatz. Sie schlich geduckt zum Futterteller, mich fest im Blick haltend. Im Schlepptau ihre beiden Kleinen. Ich wagte kaum zu atmen und ignorierte meine volle Blase. Mami war jederzeit bereit, wieder in den Schutz zwischen Wand und Couch zu verschwinden. Doch der Hunger war stärker.

Begeistert machten sich Mamikatz und ihre Kinder über das Essen her. Ich beobachtete, was sie zuerst futterten. Sahnequark und Thunfisch waren bei Mami beliebt, und dem weißen Bart schmeckten die Knusperkissen und das Kittentrockenfutter. Das ganz schwarze, sehr kleine Kitten machte sich begeistert über das Hähnchenfleisch her. Brummend verteidigte es sein Essen. Niemand durfte an sein Essen kommen!

Als der Teller ratzefatze leergeputzt war, verschwanden alle wieder wie kleine schwarze Blitze hinter der Couch. Das war sehr gut, denn meine Blase kommunizierte mittlerweile in höchster Alarmstufe mit mir, und ich musste meine Beine ja erst wieder überreden, mich eine Etage tiefer zu tragen.

Ich machte eine Notiz an mich selbst, dass ich beim nächsten Mal erstens eine weiche Unterlage mit ins Pflegezimmer nehme und zweitens vorher aufs Örtchen gehe. Wahlweise Windeln anlegen.

So fütterte ich nun die nächsten Tage ausschließlich: Futter am Versteck, ich auf Lauerposition und dann warten. Anschließend Beine aufwecken. Die Abstände zwischen Futter abstellen und inhalieren des Servierten wurden immer kürzer. Und ich hockte mich immer näher an den Futterplatz hin.

Als wir dann so weit waren, dass sie rauskamen und ich mich noch gar nicht komplett platziert hatte, wusste ich, der erste Schritt war getan. Es waren über zwei Wochen vergangen, Mamikatz hatte ich mittlerweile Katie getauft, der weiße Bart hieß Mucki und der kleine Brummbär erhielt den Namen Brumbi. Er kommentierte weiterhin jede Mahlzeit mit seinem Brummkonzert.

Ich beschloss, fortan bei der Fütterung auf der Couch zu sitzen. Meine Knie waren mir außerordentlich dankbar dafür. Ich stellte also das Futter ab, setzte mich langsam auf die Couch, und da kamen schon Mami und Brumbi raus zum Futtern. Aber wo war der kleine Muck? Ich beugte mich ein wenig nach hinten, um zu schauen, ob er noch hinter der Couch war. Dabei berührte ich die Decke neben mir. Sie war verdächtig ausgebeult. Vorsichtig legte ich die Hand darauf. Etwas Kleines, Warmes lag darunter und zitterte. Ich dachte erst, der zittert vor Angst. Aber dann hörte ich ein leises, verhaltenes Schnurren. Ich ließ die Hand für einen Moment dort liegen, und wir genossen den ersten Kontakt durch die Decke. Mittlerweile redete ich auch mit den Kätzchen, sie hatten sich an meine Stimme gewöhnt. Das hat das Eis gebrochen. Mami Katie entspannte sich in meiner Anwesenheit zusehends, und das übertrug sich auf ihre Kinder.

Die Kuscheldecke war Muckis Lieblingsplatz. Oftmals, wenn ich in den Raum kam, lag er darunter. Mittlerweile traute ich mich, die Hand unter die Decke zu schieben und ihn zu berühren. Das funktionierte nur, wenn er unter der Decke lag. Außerhalb der Decke misstraute er mir noch zu sehr.

Es kam Weihnachten, ein weiteres Fundkitten kam auf die Pflegestelle, das Julchen. Dann kam der Frühling, Julchen fand ihre perfekten Menschen und zog aus. Die Jungs wurden kastriert, und Mami war hin und wieder genervt von ihren Halbstarken. Ich war mittlerweile mit den drei schwarzen Schönheiten ziemlich per Du. Mucki liebte es, von mir gestreichelt zu werden, ohne dass die Kuscheldecke dabei sein musste, Brumbi ertrug es, wenn ich ihn beim Essen (und Brummen) berührte, nur Katie wolle nicht mit mir kuscheln. Allmählich stellte sich die Frage, wohin mit den dreien. Sie konnten schließlich nicht auf Lebenszeit bei uns im Dachgeschoss wohnen!

Niemand wollte die drei adoptieren. Wenn sich Besucher einfanden, hatte ich nämlich wieder Geisterkatzen. Mein bester Ehemann von allen hatte mich natürlich unterstützt und sobald die Katzen etwas zahmer waren, sich auch immer wieder in das Zimmer gesetzt, um sie an weitere Menschen zu gewöhnen. Trotzdem wollten sie mit niemandem etwas zu tun haben. Bei jedem Interessenten versteckten sie sich so gründlich, dass selbst ich sie oftmals nicht finden konnte.

Also beschlossen wir, den dreien bei uns eine Chance zu geben. Wir nahmen Luzie mit nach oben, unsere absolute Chefcat sollte mit den zukünftigen Mitbewohnern als erste Freundschaft schließen, danach lernten sie alle unsere Katzen kennen. Als nächstes öffneten wir das Pflegezimmer, und sie konnten sich im Haus umsehen. Nachts gab es regelmäßig Fauchkonzerte, Gebrumme und Prügelei. Luzie und Katie wurden keine Freundinnen. Als letztes öffneten wir mein Schlafzimmerfenster. Durch dieses gehen unsere Katzen im Sommer immer ein und aus.

Es dauerte ein paar Tage, dann pendelte sich eine Routine ein. Die beiden Jungs Muck und Brumbi fügten sich prima in die Gruppe ein, Mami Katie verschwand im Laufe des Sommers plötzlich spurlos. Wir machten uns so unsere Sorgen, dachten aber, dass sie sich sicher ein neues Revier gesucht hat. Denn mit Luzie krachte es ja regelmäßig. Da waren wohl zwei starke Katzencharaktere aufeinandergetroffen, die nicht kompatibel sind.

Im Herbst sprach ich mit einer Nachbarin zwei Häuser weiter über ihre Katzen, und sie berichtete, dass sie seit dem Sommer nun eine dritte Katze habe. Sie habe im Sommer auf einmal im Wohnzimmer gestanden und sei sehr lieb und mittlerweile sehr verschmust und eine absolute Couchpotato. Sie hatte sie adoptiert, weil sie so anhänglich sei. Und so hübsch sei sie, ein schwarzes Mädchen. Ich schaltete schnell, das musste Katie sein! Ja, und richtig, ein Blick genügte, und ich wusste, wer da bei der Nachbarin eingezogen war. Ich informierte sie über die Vorgeschichte und war einfach froh, dass Katie so einen schönen Platz zum Leben gefunden hatte.

Muck und Brumbi waren unzertrennlich. Ein Jahr lang gingen die beiden Brüder zusammen zum Jagen, schliefen zusammen im Körbchen und heckten allerlei Unsinn aus. Die einzige Katze, vor der sie Mores hatten, war Luzie. Bis bei Brumbi im Alter von ungefähr eineinhalb Jahren die FIP* ausbrach. Schnell war klar, dass wir ihn gehen lassen mussten. Ich war untröstlich, es war für mich das erste Mal, dass ich eine so junge Katze auf diese Weise verlor. Vor allem, weil ich um Brumbis Freundschaft und sein Vertrauen so hart gekämpft habe. Auch der gesellige Muck trauerte sehr um seinen Bruder. Nach ein paar Monaten schloss er dann Freundschaft mit unserer Jo.

Muck lebt bis heute gesund und rund in unserer Katzen-WG. Und noch immer steht er auf diese kleinen Knusperkissen, die ich damals auf den Delikatessenteller gelegt habe.

*Feline Infektiöse Peritonitis ist eine nach Ausbruch unheilbare und schnell tödlich verlaufende Form der Bauchfellentzündung.

Fauchspucki Brummknurr

Sandra Brock

Sommer 2019. Mal wieder ein Jahr, in dem wir nicht wussten, wie wir die Flut der Fundkitten unterbringen sollten. Also eigentlich wie immer.

Nur schlimmer.

Alle Pflegestellen waren knallvoll, das Tierheim Bocholt hatte sogar einen Aufnahmestopp wegen Überfüllung verhängt. Meine Pflegestelle war glücklicherweise gerade frei geworden. Aber nur für ein paar Tage zur gründlichen Reinigung.

Da saß es nun bei uns in der Quarantäne. Sein pechschwarzes Fell war struppig, der kleine Körper rappeldürr, die Augen riesengroß. Höchstens drei Monate alt und in zwei Sekunden von 0 auf 180. Ein echtes Fauchspucki. Das ist bei uns der Fachausdruck für ein richtig wildes Kitten. Eines, das nicht nur scheu und ängstlich ist, sondern auch angriffslustig, wenn man versucht, sich zu nähern. Das Fauchen wird in dem Fall getoppt durch ein geradezu explosionsartiges Spuckgeräusch, begleitet von einem blitzschnellen Aufstampfen einer Vorderpfote mit ausgefahrenen Krallen. Alles in allem ein beindruckender Auftritt. Typisch für eine Katze, die nicht nur nicht an Menschen gewöhnt ist, sondern auch noch schlechte Erfahrungen gemacht hat.

Fauchspucki brummte und knurrte schon, wenn ich nur den Raum betrat. Gefunden wurde es in einem Industriegebiet. Mutterseelenallein. Bis auf die Flöhe und Würmer zur Gesellschaft. Solange nicht klar war, ob es auch noch Giardien als unerwünschte Passagiere mitgebracht hat, musste es leider allein bleiben. Noch hatten wir keinen Namen für das Kitten, wir wussten nur, dass es ein Junge war.

Die zahme Katzenmutter Missy war noch recht jung, sie hatte, selbst noch fast ein Kind, vor acht Wochen im komplett überfüllten Tierheim Bocholt Mio, Mieke, Merten, Merit und Matti zur Welt gebracht und war nun zu uns umgesiedelt, damit alle optimal an Menschen gewöhnt werden konnten. Im Tierheim war es so voll, dass sich niemand darum kümmern würde, die Kleinen an Menschen zu gewöhnen. Was sie im schlimmsten Fall nahezu unvermittelbar machen würde. Dazu war noch eine etwa gleich alte dreifarbige Waise gesetzt worden, die wir Klärchen nannten. Sie alle waren „chemisch gereinigt", was unser Fachbegriff für vollkommen parasitenfrei ist. Sie bewegten sich im großen Pflegeraum. Ich hoffte, dass die freundliche Katzenmutter den kleinen Fauchspucki vielleicht adoptieren würde und der Kleine sich von den anderen Kitten die Freundschaft zu Menschen abschauen würde.

Angst war offenbar nicht die einzige Emotion, die diesem kleinen Katerchen innewohnte. Es war Wut und tiefes Misstrauen. Erst seit drei Tagen war der kleine Junge bei uns. Er stand komplett gestresst auf dem Kratzbaum, etwa drei Meter von mir entfernt. Mit der Flanke an die Wand gedrückt, ein hoher Buckel, der Schwanz gesträubt wie eine Flaschenbürste, der ganze kleine Körper zitterte. Nachdem ich ihm unter einem Spuckfauchkonzert mit Stepptanzeinlage sein Futter serviert hatte, zog ich mich sehr langsam von ihm zurück. Diesmal hatte er nur nach mir gestampft (die Stepptanzeinlage) aber nicht mehr gezielt nach meiner Hand geschlagen. Hände fand er offensichtlich besonders bedrohlich.

Ich nahm die obligatorische Kotprobe für den Giardientest aus dem Katzenklo. Gemächlich, alle Hektik vermeidend. Fauchspuckies lehren einen Menschen Langsamkeit von besonderer Qualität. Jede meiner Bewegungen wurde dennoch kommentiert von einem tiefen Brummen. Komplett auf Krawall gebürstet starrte er mich an, reglos. Ich mied jeden Blickkontakt, um eine weitere Eskalation zu vermeiden. Uff, so einen harten Brocken hatte ich bisher noch nicht gehabt.

Vorsichtig zog ich mich aus der Quarantäne zurück. Mami Missy rieb sich gleich an meinen Beinen, ihre Kinder wuselten im Raum herum. Klein-Klärchen entwickelte sich zu einer Art Rädelsführerin, sie gab in der Kittengruppe den Ton an und hatte einen fast unermüdlichen Spieltrieb. Zusammen mit ihrem Kumpel Merten zog sie das Katzenzimmer auf links. Einige Kitten und die Mami hatten schon Interessenten, die Vermittlung der mittlerweile schon recht zahmen und wirklich süßen Katzenkinder sollte kein Problem sein. Aber der kleine Fauchspucki in der Quarantäne machte mir echt Sorgen.

Giardienfrei. Welch Erleichterung! Die Tierarztpraxis hatte soeben den Befund der Kotproben durchgegeben, und das war für uns das Okay, den kleinen Fauchspucki in die Kittengruppe zu integrieren. Vielleicht würden ja Klein-Klärchen und Co. das Eis brechen. Oder Mami Missy. Aber es sollte ganz anders kommen.

Die Quarantäne war jetzt offen. Eine Wurmkur und eine Flohbehandlung hatte Fauchspucki obligatorisch am Fangtag bekommen. Also konnte er nun in der Gruppe mitlaufen und Freunde finden. Soweit die Theorie. Die Kitten turnten um mich herum, purzelten neugierig umher und erkundeten den für sie vorher verbotenen Bereich. Fauchspucki saß wie versteinert auf seinem Kratzbaum. Seine neuen Freunde ignorierte er völlig.

Ich habe einen Trick, damit sich Katzen an Menschstimmen gewöhnen: Vorlesen. Schon seit einigen Tagen verbrachte ich jeden Tag mindestens eine halbe Stunde zusätzlich im Katzenzimmer. Bequem eingerichtet auf der Couch las ich den Kitten etwas vor, zum Beispiel aus meiner Gartenzeitschrift. Einen sehr wichtigen Text. Irgendwas mit Rasenmulchen vermutlich. Oder ähnlich weltbewegende Themen. Gestern war es ein Seminarkonzept über ägyptische Tanzgeschichte der 50er Jahre. Es würden ausgesprochen intellektuelle Katzenkinder sein, wenn sie in ihre endgültigen Familien ziehen würden. Katzenkinder mit Hochschulreife. Ob wir deswegen vielleicht die Schutzgebühr erhöhen konnten?

Alle Kitten waren um mich herum und untersuchten mich und unterzogen die Zeitschrift einem gründlichen Kratztest. Klein-Klärchen rollte sich schnurrend auf meinen Beinen zusammen, Merten und Mio gaben alles, um meinen Haardutt aufzulösen. Vielleicht doch keine Hochschulreife. Aber eine Ausbildung im Handwerk. Frisör ist auch ein schöner Beruf. Der Rest der Kinder spielte mit meinen Zehen. Alles potentielle Podologen. Mami Missy nutzte die Pause von ihren Kindern für einen ausgiebigen Schlaf auf dem Kratzbaum. Alle waren glücklich. Bis auf den kleinen Fauchspucki. Er saß weiterhin auf dem Kratzbaum in der Quarantäne und hatte schlechte Laune.

Mir tat das kleine Häufchen Elend und Angst einfach nur leid. Ich nahm kurzerhand ein Sitzkissen mit in die Quarantänezone, verfolgt von den anderen Kitten und platzierte mich während eines Brummkonzertes mit Faucheinlagen neben dem kleinen Kratzbaum. Ob er wollte oder nicht, ich würde

Fauchspucki jetzt den Text über Rosenschnitt vorlesen. Ganz leise, ganz langsam. Und mich dabei kaum bewegen. Mit der Zeit beruhigte sich der kleine Kater. Scheinbar hatte ich meinen Schrecken etwas verloren. Ich wagte es, eine Hand an den Kratzbaum zu legen. Nach einer kurzen Wutexplosion entspannte das Katerchen wieder. Okay, der Weg ist weit, aber zu schaffen. Geduld ist das Zauberwort.

Freudig erzählte ich am Nachmittag meinem Mann von der Sache. Mein bester Ehemann von allen hörte schweigend zu und nickte. Und handelte. Als ich in den Abendstunden in der Tanzschule war, setzte auch er sich zu dem kleinen scheuen Katerchen und erzählte ihm was. Die Reaktion war bemerkenswert: Kein Fauchen, kein Brummen, keine Stepptanzeinlagen. Männer schienen also nicht so schlimm zu sein. Er konnte ihn sogar berühren! Ich war beeindruckt von meinem katzenflüsternden Ehemann. Deswegen sollte Michael dem Kleinen auch einen Namen geben. Er fand, dass Moritz die richtige Wahl sei.

In den nächsten Tagen teilten wir uns auf, jeder von uns erzählte Moritz ganz gezielt wechselweise etwas über Gartenpflege, Lichtanlagenreparatur, ägyptischen Tanzgeschichte und Modellbau. Und unser Plan ging schon nach einigen Tagen auf: Moritz konnte nun Menschen in seiner Nähe ertragen. Und er hatte zugenommen. Sein Fell glänzte, und er wurde immer hübscher.

Der nächste wichtige Schritt war, dass Moritz Vertrauen zu einer Tierkommunikatorin fasste: Manuela. Sie fand heraus, dass Moritz als kleines, schwaches und unerwünschtes Kitten nur knapp dem Tod entronnen war. Die Bilder, die sie von Moritz bekam, erschütterten sie zutiefst: Eine Frau hatte versucht, den kleinen Moritz zu töten. Deswegen fand er Frauen sehr suspekt. Ein alleinstehender älterer Mann wäre vielleicht der richtige Mensch für Moritz.

Moritz integrierte sich endlich in die Gruppe, die allerdings immer weiter schrumpfte, denn alle wurden in ein glückliches Zuhause vermittelt. Mami Missy und andere Kitten fanden sehr schnell ihre perfekten Menschen, Klärchen und Merten zogen sogar in die nächste Nachbarschaft zu lieben Menschen. Zum Herbst hin waren alle Kätzchen ausgezogen, neue rückten nach. Möhre und seine Geschwister, der zauberhafte Cassie, Chico, Merlin. Ankommen, gesund werden, Menschen finden und umziehen. Es war ein Kommen und Gehen. Das Übliche auf einer Pflegestelle. Mit einer einzigen Ausnahme: Moritz.

Es war zum Schluss eine lustige Kater-WG. Im Frühling 2020 waren sie nur noch zu viert: Möhre, Cassie, Chico und Moritz. Moritz aber zeigte an keinem Besuch Interesse. Im Gegenteil. Sobald Fremde da waren, machte er sich unsichtbar in einer Kuschelhöhle weit oben auf dem Kratzbaum. Vor allem, wenn sich Frauen im Raum befanden. Männer mochte er lieber, ließ sich aber nicht anfassen.

Möhre und Cassie als unschlagbares und somit untrennbares Gespann, welches die geneigte Leserschaft schon aus dem vorherigen Band „Felimania" kennt, zogen im April aus, und Moritz blieb mit Chico zurück. Auf uns machten die beiden den Eindruck, dass sie gut miteinander auskamen. Mittlerweile waren beide Jungs schon kastriert und fast ein Jahr alt. Gegen die süßen Kitten der Saison hatten sie allerdings wenig Chancen. Umso mehr freute es uns, dass sich ein alleinstehender Herr für die beiden Jungs interessierte. Bei seinem Besuch ließ Moritz sich sogar streicheln und zeigte sich von seiner freundlichsten Seite. Nach der Vorkontrolle war klar, dass die beiden Jungs umziehen konnten. Sie sollten Dortmunder werden. Ich freute mich unglaublich, weil mir Moritz mittlerweile so sehr ans Herz gewachsen war.

Der Umzug klappte super, beide Jungs gingen problemlos in die Transportkisten, Schnell gewöhnte Chico sich ein, Moritz war ein bisschen schüchterner. Er brauchte ein paar Tage länger, bis er sich in der Wohnung heimisch fühlte. In der Zwischenzeit wurde Chico der beste Kumpel des neuen Menschen.

Leider stellte sich jedoch heraus, dass Chico nicht gern teilen wollte. Weder das neue Zuhause noch das Herrchen. Er machte im neuen Zuhause dem armen Moritz das Leben zur Hölle. Moritz wurde von Chico regelrecht gemobbt, wurde immer dünner und nach nur wenigen Wochen war klar, dass er dort nicht bleiben konnte. Er brach in einem Panikanfall aus, kämpfte sich durch das Katzennetz, sprang vom gesicherten Balkon und verbrachte einige Tage draußen. Mich erreichte diese Schreckensnachricht am vorletzten Tag des Urlaubs. Sofort brachten Heike und Natascha eine Lebendfalle dort hin. Doch leider mied Moritz die Falle.

Ich bat meine beste Freundin, die Tierkommunikatorin Manuela, um Hilfe. Hoffentlich gelang es ihr, Moritz zu überreden, in die Falle zu gehen. Er trieb sich mittlerweile fast zwei Wochen hungrig und ängstlich in der Siedlung herum. Manu versprach ihm, dass ich ihn heimholen würde.

Sobald er in der Falle war und ich Bescheid hatte, dass er gesichert war, bin ich im Tiefflug die gut 70 km von Dinslaken nach Dortmund gesaust. Auf der Fahrt hat er nicht einen Mucks von sich gegeben. Ich habe ihm ganz viel erzählt, die Fahrt ging über eine Stunde.

Wir haben ihn also zu uns zurück auf die Pflegestelle geholt. Jede Katze, die wir vermitteln, begleiten wir natürlich auch in solchen Fällen. Und wenn es mal nicht klappt, kommt die Katze nicht irgendwohin, sondern zurück zum Verein. Da Moritz unser Schätzchen war, kam er natürlich zu uns zurück.

Ich befürchtete, dass er völlig durch den Wind war. Aber das Gegenteil war der Fall. Er kam glücklich mit aufgestelltem Schwanz aus der Falle heraus und ließ sich sofort anfassen. Nach nur wenigen Stunden war er wieder komplett hier angekommen. Hier schien er sich daheim zu fühlen.

Ein paar Tage später kamen wieder kleine Kitten auf die Pflegestelle. Und Moritz entdeckte einen neuen Job für sich: Patenkater. Aber das ist eine andere Geschichte.

Frühstück ans Bett

Ragnar „Raggi" Brockson

 *Die Mami hat sich solche Mühe gemacht, über mich zu schreiben, da muss ich ihr doch jetzt mal ein bisschen Arbeit abnehmen. Ich erzähle euch also ein Abenteuer aus meiner „Wurm- und Strangzeit" – oder wie nennt ihr das?*

Ach, ist das herrlich gemütlich. Ich liege hier so in meinem riesigen Bett, mein Kumpel Spunk schnarcht am Fußende, und natürlich schlummert in meinem Bett auch Mami. Es ist ein herrlicher Morgen, die Sonne strahlt, die Vögel zwitschern. Durch das offene Schlafzimmerfenster weht ein verheißungsvoller Duft von Frühsommermorgen, frisch gemähtem Rasen und dem Regen der vergangenen Nacht. Die Welt riecht wie frisch gewaschen und wartet nur auf mich.

Ich strecke mich, ich räkele mich und hüpfe aus dem Bett. Mit einem eleganten Satz, wie es nur junge Kater können, springe ich durch das offene Schlafzimmerfenster, sause über das Garagendach und die Terrassen-Überdachung, die Katzenleiter hinunter und dann ab durch den Garten.

Es ist mein erster Sommer draußen. Alles ist unglaublich aufregend. Vor wenigen Tagen bin ich laut Mami ein Jahr alt geworden. Ich bin geimpftpiekst, geschippstdingst und beim Tasso registriert. Der Tasso ist ein magisches Wesen, der wohnt im Internetz und kennt alle Tiere auf der Welt. Vorausgesetzt, die Menschen sagen nach dem Schippsdingsen auch beim Tasso Bescheid. Denn der Katzendoktor macht das nicht, der piekst nur. Mami sagt, das Bescheidsagen geht ganz einfach.

Das ist ein magisches Ritual im Internetz, mit einem Zauberformular. Das kriegen aber alle hin. Zur Not sogar mit Papier.

Seit ein paar Wochen nun darf ich, wie die anderen sechs Katzen hier im Haus, draußen spazieren gehen. Mein Ziel ist ein Garten nur eine Straße weiter. Die Familie dort gehört zu den Frühaufstehern und wird sicher schon wach sein. Meine Mami ist ja soooo eine Langschläferin, weil sie immer bis abends spät noch in ihrer Bauchwackeltanzschule Unterricht gibt. Aber bei meinem Freund müsste jetzt einiges los sein.

Und richtig. Mein Freund frühstückt draußen. Er ist ein kleiner Menschenjunge. Er freut sich, mich zu sehen. Seine Mami freut sich auch immer. Total lustig, die beiden Menschen haben die gleiche Kopf-Fell-Farbe wie meine Mami. Und sie sind auch Freunde von ihr. Deswegen bekomme ich hier auch nichts zu essen. Das hat Mami verboten, damit ich immer schön wieder nach Hause komme. Fremdfressen sei nicht gut für mich, sagt Mami. Aber spielen, ja spielen und kraulen geht immer.

Hier wohnen auch zwei andere Katzen, die dürfen aber nicht spazieren gehen wie ich. Obwohl sie geimpftpiekst und geschippstdingst sind und der Magier Tasso sie kennt. Sie sind reine Wohnungskatzen und bilden sich 'ne Menge drauf ein. Eine gesetzte rote Dame namens Ginger und ein schwarzer Kater namens Eddie. Ginger regt sich gelegentlich künstlich auf, wenn ich durch ihren Garten gehe. Verstehe ich gar nicht, sie nutzt ihn ja doch nicht. Noch mehr regt sie sich auf, wenn Tante Luzie durch ihren Garten stolziert und alles markiert.

Tante Luzie ist aber auch wirklich eine imposante Erscheinung, so riesengroß und mit ihrem langen roten Fell. Als ich noch ein kleiner Junge war, hat Tante Luzie mich oft in den Schwitzkasten genommen und mich wie eine Mami geputzt, sie ist einfach die Chefin bei uns zuhause. Tante Luzie spricht nicht viel, aber Onkel Muck hat mir mal im Vertrauen erzählt, dass sie von unserer Mami aus ganz, ganz schlimmen Verhältnissen geholt wurde, wo sie in einem kleinen Raum wohnen und immer Babys bekommen musste. Mami hat sie gerettet und seitdem ist Tante Luzie sehr glücklich, weil sie spazieren gehen darf. Sie hat mir auch gezeigt, wie ich in diesen Garten mit dem netten Menschenjungen komme.

Nachdem ich ausgiebig mit meinem Freund gespielt habe, muss er zur Schule. Menschenkinder müssen ja ganz viel lernen. Im Gegensatz zu mir, ich weiß schon alles. Aber wenn niemand mit mir spielt, ist mir langweilig, also gehe ich heute einen weiteren Bogen als gewöhnlich auf meiner morgendlichen Erkundungstour. Ich marschiere gerade selbstbewusst durch einen fremden schönen Garten.

Da ruft plötzlich jemand: „Ja, wo ist er denn der süße Mikesch?".

Erschrocken verharre ich. Na, keine Ahnung, wo der Mikesch ist, hoffentlich weit weg, ist bestimmt ein großer Kater, der mich hauen will, so wie der Onkel Max.

„Da ist er ja, der feine Mikesch."

Hektisch schaue ich mich um und denke: Verflixt, jetzt bin ich geliefert, wo ist er, ich seh' ihn nicht? Gibt es Katerkloppe?

„Ja, komm doch mal her, du süßer Mikesch!"

Allmählich dämmert mir, dass mit dem „süßen Mikesch" offenbar ich gemeint bin. Uff, kein großer Kater, der mich vertrimmen könnte, keine Katerkloppe.

Ich schaue mich um und sehe eine kleine mollige Dame. Ihr Kopf-Fell sieht lustig aus. Ganz grau und kleine Kringel. So ein Fell habe ich noch nie gesehen. Und ich habe schon ziemlich viel gesehen. Meine beste Menschenfreundin zum Beispiel hat manchmal blaues oder grünes Kopf-Fell...

Die kleine runde Menschin nähert sich langsam mit einem Tellerchen mit Blumenmuster. Sowas ähnliches hat Mami auch. Die steht ja auch auf Blumenmuster. Kann also schon mal nicht so falsch sein.

Volltreffer! Auf dem Tellerchen ist Kondensmilch. Ui, wie lecker. Ich liebe Kondensmilch! Allerdings macht sie immer ziemliche Bauchschmerzen. Und ich muss davon pupsen. Deswegen gibt es die bei Mami immer nur ganz wenig und ohne Schlecktose. Oder ist das Lackhose? Egal, irgendwas, wovon man nicht pupsen muss. So Fake-Milch. Bäh!

Hier gibt es aber das Original! Leeeeeeeckaaaaaa! Und nur für mich, ohne dass das Paulinchen dazwischen quengelt. Während ich genießerisch die Milch schlabbere, streichelt mich die alte Dame.

„Was hast du nur für ein seidiges Fell, und so ein hübscher bist du, so ein süßer Mikesch. Nein, was bist du drollig ...“

Und so weiter und so weiter. Bla bla bla ... das Übliche. Ich bin daran gewöhnt, dass die meisten Menschen in völlige Verzückung geraten, wenn sie mich sehen und mir dann komplett verfallen, wenn sie mich streicheln. Also, ich habe einen neuen Fan. Gebongt. Und auch hier gibt es Terrassenmöbel, auf denen man mal Pause machen kann, wenn man auf einem Erkundungsgang ist.

Jetzt nimmt sie mich doch auf den Arm! Upps, das macht normalerweise nur Mami. Sie krault mich und erzählt mir irgendwas von einer Katze, die früher bei ihr gelebt hat. Irgendein Mikesch. Und dass ich sie total an ihn erinnern würde. Aha, daher weht der Wind. Sie setzt sich auf den Terrassenstuhl und krault mich eine Zeitlang. Apropos Wind. Ich genieße die Streicheleinheiten und merke, wie die Milch in meinem Bauch zu rumpeln beginnt. Ui, das gibt Blähungen.

Die Menschin steht auf und will mich in ihr Haus tragen. Nein, bloß nicht! Vor ein paar Wochen gab es ein Riesendrama, da war ich fünf Tage lang verschwunden, weil ich wo eingesperrt war. Ich habe Mami versprochen, dass ich nie, nie, nie wieder in ein fremdes Haus gehe.

Ich strample, befreie mich und springe von dannen. Die Dame ruft noch ein paar Mal „Mikesch! Mikesch, bleib doch noch!" aber ich bin schon davongesaust. Schnell zurück nach Hause zu Mami. Nehme ich doch die Abkürzung durch den Abenteuergarten, dann geht es schneller.

Ich springe über den Zaun vom Abenteuergarten. Den haben wir Katzen so genannt, weil hier jede Menge Sachen herumstehen. Eigentlich ist er das Revier von Max, Loki und dem dicken Roten. So nenne ich ihn, ein großer roter Kater, der so aussieht wie Tante Luzie. Er nennt sich selbst Django, und er gibt an wie ein Sack Katzenstreu, dass er ein Maine Coon sei. Pah, Tante Luzie und Tante Jo sind auch Maine Coons. Außer, dass es bei denen ständig Stress mit Filz im Fell gibt und sie alle wegen einer typischen Coon-Erkrankung entweder keine Zähne mehr im Mund haben oder aus den Ohren eitern, ist das nichts, worauf man sich was einbilden kann.

Zum Glück ist von der Altherrenriege nix zu sehen. Bin allein in dieser Wildnis. Der Garten hat es in sich. Hier verrostet so ein Wäschewischwasch-Ding, was Mami auch im Keller stehen hat. Und alte Möbel, ein großer Topf mit etwas, das mal eine große Zimmerpflanze gewesen sein muss, jede Menge große Geräte und irgendwelche vergessenen Tassen und Teller. Hinten in der Ecke ein altes Gartenhäuschen, windschief und ohne Tür. Darin vermodern Gardinen und Gartenpolster.

Die Menschin, die in diesem Haus wohnt, hat hier ein Paradies geschaffen. Ein Paradies für Ratten. Und ihre Jäger.

Der Onkel Max hat gesagt, dass Ratten der ultimative Endgegner sind.

Stubenfliegen sind was für Kitten, Mäuse sind für Anfänger, Libellen für Fortgeschrittene und Ratten für Profis. Und ich solle mal schön Fliegen fangen üben. Grrrrrr ...

Also, das mit den Mäusen habe ich bis jetzt ganz gut hingekriegt. Aber Libellen, die sind mir zu schnell. Die Tante Luzie kann die ja sogar aus der Luft fangen. Der Onkel Max kommt andauernd mit Ratten nach Hause und gibt damit total an. Weil Ratten nämlich kämpfen, hat er gesagt, ist das eine besondere Beute. Und dann hat er mir die Narben gezeigt, wo die Ratten ihn gebissen haben.

Boah, denke ich, wie wäre es denn, wenn ich meiner Mami auch mal so ein ganz tolles Geschenk mitbringen würde. Etwas, wo sie merkt, dass ich sie richtig liebhabe. Eine echte Ratte.

Ich hocke mich hinter einen vergessenen Rasenmäher, aus dem das Gras schon aus allen Ritzen herauswächst. Und ich muss nicht lange warten

Bewegungslos verharre ich. Bevor ich sie sehe, rieche ich sie schon. Und da, endlich, es raschelt etwas. Meine Güte, diese Ratten sind aber wirklich echt groß, denke ich noch. Ich sehe zwischen dem Gras einen grauen Rücken. Ich spanne meine Sprungsehnen in den Hinterpfoten und mache mich bereit. Im richtigen Moment springe ich hoch wie eine Feder, fahre alle meine Krallen aus und springe auf die Beute. Aber mit der Gegenwehr habe ich nicht gerechnet! Aua, die Ratte hat mich gebissen, in die Pfote. Es entwickelt sich ein wilder Kampf, die Ratte ist stark, schließlich bin ich aber doch Sieger.

Stolz schleppe ich meine Beute von dannen. Menno, die hat aber ordentlich Gewicht. Und dieser lange Schwanz, andauernd trete ich drauf ...

Zu Hause angekommen will ich durch den Dienstboteneingang. Den nennt Mami immer so, das ist unser Katzeneingang im Keller. Da habe ich aber nicht die Rechnung mit Tante Jo gemacht. Die sitzt mal wieder im Eingang und macht den Pförtner. „Du Lümmel, du kommst hier nicht rein. Was hast du denn da schon wieder für eine Sauerei mitgebracht. Eine tote Ratte? Junge, bist du verrückt geworden? Das gibt Theater, das sage ich dir jetzt schon ..." Mecker, mecker, mecker ...

Ich murmele nur: „Olle Zippe" und marschiere weiter. Drei Schritte neben dem Kellerschacht ist ein Clematis-Spalier. Mami wird nicht begeistert sein, wenn ich ihr die Pflanze zerrupfe. Aber mir bleibt nichts anderes übrig, ich turne mit meiner Beute im Maul das Spalier hinauf und lande direkt auf dem Garagendach am Schlafzimmerfenster. Allmählich wird die Beute echt schwer. Aber ich lasse nicht los, ich habe auch meinen Stolz. So elegant, wie ich es gerade noch hinbekomme, hopse ich durch das Fenster und laufe zu meinem Bett. Wie ich es mir gedacht habe, Mami schläft noch. Mit einem nicht wirklich sanften Hopser lande ich auf der Bettdecke und spucke die tote Ratte auf das Rosenkopfkissen, direkt neben das Gesicht von Mami. Bäh, dieses Fell schmeckt nicht lecker, die riecht ja ganz muffig, wo hat die nur gepennt ...

„Mami, hallo, wach werden, ich habe Frühstück mitgebracht."

Mami macht die Augen auf und sieht im Augenwinkel die Ratte. Ui, was ist die schnell wach und hoch!

„Raggiiiiiiii ..."

„Ja Mami, ich bin's, dein Liebling, dein Zuckerkaterchen, dein liebster ..."

„... was hast du denn da mitgebracht, ist das etwa eine Ratte?"

Ich verdrehe innerlich die Augen

„Nein Mami, das ist ein Gnu ... natürlich ist das eine Ratte ..." Menschen sind manchmal so kurz im Kopf. Oder liegt es daran, dass sie nicht so gut sehen können wie wir Katzen? Ts Ts Ts ...

Mami besinnt sich und streichelt mich. „Braver Kater, toll gemacht", und holt aus dem Bad Toilettenpapier. Will sie mein Geschenk etwa einpacken? Muss ich nächstes Mal ein Schleifchen dran machen? Zum Einpacken kommt es aber erst mal nicht.

Beide haben wir die Rechnung ohne den Spunk gemacht. Der schwarze Spunk ist mein Kumpel, er hat nur ein bisschen Pech gehabt. Er ist eine Katze mit einem total komischen Gesicht, ganz lange Schnauze, und seine Ohren hängen runter. Über seinen Augen hat er braune Punkte. Außerdem kann er nicht gut klettern und macht so komische Wuffgeräusche statt zu miauen.

Okeee.

Ich oute mich.

Mein Kumpel ist ein Dackel.

Aber heute sind wir alle offen und divers, da passen auch Kater und Dackel zusammen!

Zurück zum Geschehen. Spunk hat die Ratte gepackt und will sie auffressen. Halllooooooo? Das Frühstück ist für Mami!

„Unkas, aus!" Uiii, wenn die Mami Unkas statt Spunk sagt, dann ist es ernst. Das kenne ich, wenn es heisst: „Herr Ragnar", dann ist das Donnerwetter nicht fern ...

Spunk will die Ratte nicht hergeben. Stocksteif sitzt er da, nur seine braunen Punkte über den Augen tanzen Ballett.

Unkaaaaaaas! AUS jetzt!" Die braunen Punkte werden hektisch wie Ballerinen auf einem Rammstein-Konzert.

Dann, ganz langsam, lässt er los. Mami wickelt mein mittlerweile ziemlich ramponiertes Geschenk in Klopapier und sagt: „So, dann gibt es mal Frühstück."

Klasse, denke ich, Mami brät sich jetzt die Ratte. Und ich krieg' mein Lieblingsfutter.

Unten angekommen, setze ich mich erwartungsvoll auf meinen Frühstücksplatz. Alle bekommen ihre Mahlzeit, Mami bekommt einen Kaffee, und dann geht sie mit einer kleinen Schippe in den Garten. Sie murmelt irgendwas und vergräbt mein Geschenk!!! Ich bin irritiert. Aber ich erinnere mich, Mami ist ja Vetegarierin oder so. Auf jeden Fall nix mit Fleisch essen. Mami hat auch mal erzählt, dass man vom Mäuse und Ratten essen Pasariten im Bauch kriegt. Würmer sind das, vielleicht ist sie deswegen Vetegarierin ...

Mit einem Tränchen im Auge kommt sie zu mir und sagt: „Bist ein braver Junge, tapferer Krieger, hast einfach deinen Job gemacht." und drückt ihr Gesicht in mein Fell, wie sie es immer tut. „Junge, wie riechst du denn? Ist das Tosca oder was? Du riechst voll nach Oma-Parfüm!"

Soso, Oma heißt also die Menschin, bei der ich da auf dem Arm war. Ungerührt klettere ich auf meinen Schlafbaum, so ein anstrengender Morgen muss verdaut werden. Ich rolle mich auf den Rücken und lasse herzhaft einen fahren. Die Kondensmilch wirkt. Aber ich glaube, ich gehe noch mal Oma besuchen, die war nett.

Ein mopsiges Weihnachtsfest

Nadine Buch

Es klingelte, woraufhin Kater Wagner unter den nächstbesten Stuhl huschte. Von dort beobachtete er gespannt, wie sein Frauchen zur Haustür ging und diese öffnete. Ein zarter Winterhauch wehte herein und gelangte über den Flur ins Wohnzimmer.

Wagner drückte sich enger an den Boden und rollte seinen Schwanz über seine Vorderpfötchen.

„Dora und Herbert, ich bin so froh, dass ihr endlich da seid! Es ist kalt draußen, kommt doch herein!"

Mit einer einladenden Geste ließ Wagners Frauchen Herrn und Frau Dotterweich ein und deutete auf die Garderobe. Nicht nur, dass die Jacken nach gewohnter Manier ausgezogen wurden, die Dotterweichs quälten sich auch aus ihren Straßenschuhen und schlüpften in die bereitgestellten Pantoffeln. Und zwischen den Knöcheln von Frau Dotterweich schaute er mit seinen großen Augen hervor: Der Familienmops.

„Darf ich euch ein Gläschen Wein anbieten? Wie ihr seht, ist der Tisch bereits gedeckt. Nehmt Platz!", flötete Wagners Frauchen und stöckelte in die Küche, woher der Duft von Rehbraten und Orangensoße drang.

Wagner leckte sich übers Maul. Dann zuckte er mit seinen Ohren, bevor er vor dem röchelnden Hundetier Reißaus nahm und sich unter dem Weihnachtsbaum versteckte. Das Lametta kitzelte ihn im Fell, und als er hochblickte, sah er sein Spiegelbild in einer der bunten Christbaumkugeln.

„Das Essen ist fertig", sagte Wagners Frauchen erfreut und stellte die Schüssel mit den Knödeln auf den Tisch. Kurz darauf erschien der Gatte mit dem Wildbret.

„Was freue ich mich auf das Festmahl. Das duftet einfach vorzüglich", schwärmte Frau Dotterweich und rückte ihre Hornbrille zurecht, während ihr rot geschminkter Mund wie ein Schnabel wirkte. „Sag mal, hast du eigentlich schon was von den Müllers gehört? Die wollten mich noch vor Heiligabend anrufen. Der ist heute, und sie haben sich immer noch nicht gemeldet."

„Dora, nein, bei mir auch nicht", sagte Wagners Frauchen und schaute bedrückt. „Ich denke, dass sie einfach zu viel mit sich und ihren Enkeln zu tun haben. Da sind die Freunde doch ganz schnell vergessen."

Wagner schlich inzwischen unter dem Tisch auf den Mops zu, dem jeden Moment die Augen aus den Höhlen zu fallen drohten. Mit gerümpfter Nase versuchte der Kater, dem Dunstkreis von Herrn Dotterweichs Füßen auszuweichen, die nach würzigem Käse stanken.

Der Mops wedelte mit seinem Ringelschwänzchen und röchelte lauter. Was würde der sich gleich wundern. Denn, wie alle Jahre wieder, hatte ihn Wagner auch heute auf dem Kieker. Möpse, das wusste er aus den Zeiten, als er noch ein heimatloser Stromer war, waren die nervigsten Hunde überhaupt. Wenngleich völlig ungefährlich. Sie waren plump, atemlos und nicht in der Lage, ein etwaiges Opfer zu fassen.

Wagner schwelgte in diebischer Vorfreude, seine Schwanzspitze schlug von links nach rechts. Er duckte sich auf den Boden, tippelte mit den Pfoten und setzte zum Sprung an, als …

„Waaagner, mein Katerchen! Wo bist du denn? Deine Shrimps an Dillspitzen und dein Perrier stehen für dich bereit!", rief Wagners Frauchen aus. Und als sich der Kater umblickte, sah er auch schon sein Festmahl auf ihn warten. Er ließ von seinem Opfer ab und stolzierte mit erhobenem Schwanz und einem kurzen Miauen zu dem kleinen Teller mit Goldrand. Dort verzehrte er seine Meeresfrüchte im Nu und kostete von dem klaren Luxuswässerchen. Doch ein hektisches Grunzen ließ ihn sich umblicken.

Da bekam dieser Mops doch tatsächlich ein Stück des edlen Wildfleisches!

Wagners Haare stellten sich auf, als er sah, wie die pelzige Plattnase das Stück Wildbret in sich einsaugte.

Der Kater machte sich klein, als er mit dem Bauch nah am Boden auf den Hund los eilte.

„Und schau dir mal dieses Kostüm an", kokettierte Frau Dotterweich, die sich in Position setzte. „Letzten Urlaub hat Herbert es mir zu unserem Hochzeitstag geschenkt."

Wagner war inzwischen bei dem Mops angelangt, der mit heraushängender Zunge durchgängig röchelte. Das Ringelschwänzchen wedelte erneut, und irgendwie erweckte es den Eindruck, dass der Mops in Wirklichkeit ein kleines befelltes Schweinchen war.

Frau Dotterweich schwieg für einen Moment und reichte ein weiteres Stück Reh an den Hund weiter, als der Kater reflexartig mit seiner Pfote nach dem Stück hangelte. Doch der Mops ließ sich nicht abhalten, schnappte sich das Fleisch und würgte es mit Gewalt seine Kehle hinab. Daraufhin rang er noch mehr um Luft, die Augen quollen aus seinem Kopf.

„Herbert, wie heißt das Modelabel nochmal, von dem das Kostüm stammt?", fragte Frau Dotterweich und rutschte auf dem Stuhl hin und her. Ihren voluminösen Bauch zog sie dabei ein, so gut es eben ging. Doch vergebens.

Kater Wagner schlug mit seiner Pfote nach dem Ringelschwänzchen des Mopses und erwischte ihn dabei mit seinen Krallen. Dem Hund entwich ein erschrockenes Krächzen, das dem seines Frauchens glich, als er mit geschicktem Griff auf den Schoß gesetzt wurde.

Wagner ließ sich jedoch nicht abbringen und machte einen Satz auf den leeren Stuhl neben Frau Dotterweich. Während er weiter mit der Pfote nach dem Hund schlug – diesmal jedoch ohne Krallen –, schnappte der Mops in seiner Verzweiflung um sich und krächzte inzwischen so erbärmlich, dass einem die Angst in die Knochen stieg. Die stand auf jeden Fall Dora Dotterweich ins Gesicht geschrieben, denn ihre Augen wetteiferten mit denen ihres Mopses aus den Höhlen zu quellen. Der rot geschminkte Mund des Hundefrauchens glich nun noch mehr einem Schnabel, aus dem das Wort „Hilfe!" im letzten Moment erklang.

Wagners Frauchen eilte zu ihrem Besuch und war gerade im Begriff, nach dem Familientiger zu greifen, als dieser einen Sprung in den Weihnachtsbaum machte.

Während Frau Dotterweich in Panik ihren Teller von der Tischkante stieß und die Knödel auf Hund und Schoß klatschten, raschelte das Immergrün und neigte sich gen Boden. Doch nicht, ohne das dampfende Wildbret auf der Essenstafel waidmännisch unter sich zu begraben.

„Chanel", sagte Herbert.

Dora Dotterweich schaute ihren Gatten wortlos an, fegte sich ein mit Soße besudeltes Lorbeerblatt von der Brust und sagte: „Was?"

„Na, du wolltest doch vorhin wissen, von welchem Label dein Kostüm ist. Von Chanel."

Das Smartphone klingelte.

Wagners Futtergeberin fummelte zwischen den Zweigen der gestürzten Tanne herum, bis sie das Gerät zu greifen bekam. Mit zitternden Fingern wischte sie über das Display.

„Ja, bitte?", piepste sie. „Frau Müller? ... Ach, natürlich, jetzt habe ich dich erkannt. Hannelore! Schön, dass du dich meldest. Wir hatten dich schon vermisst ... Ja, gut ... Freut mich, bis gleich."

Konsterniert dreinschauend legte Wagners Frauchen das Telefon wieder hin.

Dora blinzelte und nickte auffordernd.

„Die Müllers. Sie haben sich gemeldet und sind in wenigen Minuten hier."

Völlig neben sich stehend schaute die Hausherrin ihrem Gatten dabei zu, wie er mit dem Feuerlöscher den brennenden Adventskranz und die Konifere löschte.

Als Erinnerung an diesen Abend roch nun der ganze Raum nach aromatisch verkohltem Tannengrün. Und nicht nur der: Selbst das Label Chanel bekam auf diese Weise seine ganz besondere Kopfnote.

Teilzeitkatzen

(Teil Eins: Loki, Joy und Muck)

Manuela „Nourani Gamal" Ehlert

Wenn man mit einer besonders lieben Kollegin eine Kooperation startet und dabei ein bisschen weiter weg wohnt, bildet
sich über die Zeit auch eine Freundschaft aus, und wenn man
aufgrund der Entfernung regelmäßig einmal bei der Freundin
übernachtet, baut man logischerweise auch eine Beziehung zu
den befellten Familienmitgliedern auf. Diese Beziehung zu
Sandras Katzen ist so innig geworden, dass ich immer gerne
von „meinen Teilzeitkatzen" spreche. Denn nicht nur ihre beiden Dackel Püppi und Unkas lieben mich und haben mich
mittlerweile adoptiert, nein, auch die Katzenbande hat mich
in ihr Rudel aufgenommen.

Loki

Sandra leitet das Tanzstudio Bodywave in Wesel. Als sie und
ich unsere Kooperation starteten, kam ich nur einmal im Monat für Workshops zu ihr, jeweils ein ganzes Wochenende inklusive Übernachtung auf Sandras Sofa. Doch schon seit dem
ersten Mal fanden ihre sechs Katzen und ihre beiden Dackel
mich irgendwie toll. Bis auf Kater Loki. Er war sehr scheu, und
ich sah ihn höchstens mal schnell vorbeiflitzen, wenn es Füt-
terungszeit war.

Dann brauchte Sandra aufgrund eines Unfalls mehr Unterstützung, und ich blieb einmal die Woche über Nacht, um ihre
Kurse zu vertreten. So wurden ihre Katzen immer zutraulicher und zu meinen Teilzeitkatzen, wie ich sie auch heute
noch gern nenne. Aber es änderte sich leider nichts – Loki kam

zwar rein, wenn ich da war, hielt aber einen großen Respekts-abstand.

Als die Urlaubszeit anrückte, führte ich die Donnerstags- und Freitagskurse in Sandras Tanzschule weiter und blieb auch über Nacht wie gewohnt.

Ich war also eine Nacht mit den Katzen (die beiden Dackel waren mit auf dem Campingplatz) allein. Abends bestellte ich mir beim Lieferdienst Sushi. Leider verstand der Lieferant nicht alles richtig, und ich bekam ein paar Sashimi mit Krab-ben und Thunfisch, statt in Vegan, wie ich es eigentlich mochte.

Während ich so im Wohnzimmer saß, mein veganes Sushi kaute und dabei überlegte, ob ich das nicht-vegane essen könnte, ohne einen Rheumaschub zu kriegen, tauchte in mei-nem rechten Augenwinkel ein weiß-flecktarnfarbiger großer Schemen auf – Loki war hereingekommen. Er saß auf dem zweiten Sofa und schaute mich vorsichtig an. Er schnüffelte ganz aufgeregt und saß sonst ruhig da – wie ausgestopft. Ich blinzelte in Katzensprache, um ihm zu zeigen, dass ich keine Gefahr war. Er blinzelte zurück und sah mich weiterhin re-gungslos an. Ich nahm mir ein weiteres veganes Nigiri, als ich sowas wie eine vorsichtige Frage in meinem Kopf hörte: „Darf ich dein Freund sein?"

Da ich Tierkommunikation gelernt habe, war die Tatsache, eine Frage im Kopf zu hören, wenn ich mit Tieren zusammen war, nichts Ungewöhnliches. „Aber sicher," sendete ich zu-rück, „jedes Tier ist mein Freund". Loki kam ein wenig näher und schnüffelte wieder in meine Richtung. „Darf ich dein Freund sein?" Wieder diese Frage, diesmal etwas sehnsüchti-ger. „Aber sehr, sehr gern doch – ich fühle mich geehrt. Komm ruhig etwas näher – ich habe etwas, von dem ich glaube, dass das zum Besiegeln einer Freundschaft genau richtig ist", schickte ich Loki in Gedanken und zeigte auf die Krabben-Sashimi. Und tatsächlich – Loki kam näher. Er kam nicht nur auf Armlänge heran, sondern hopste auf die Lehne vom Sofa, auf dem ich saß, schaute und schnüffelte nochmal kurz und kuschelte sich ganz spontan an meinen rechten Oberschenkel. Ich hielt ihm den Thunfisch meines Sashimi hin, und er nahm es in seiner typischen Loki-Art: Erst ausgiebig beschnüffeln, belecken und dann vorsichtig nehmen und genüsslich essen. Ich aß den Reis des Sashimi, Loki die Krabben und den Thunfisch. Er ist mir diese Nacht das erste Mal so nahe gewesen wie die anderen Katzen und hat sich im Laufe der Zeit zu einem treuen Freund entwickelt:

Jedes Mal, wenn ich zu Sandra komme – egal, um welche Uhrzeit – ist er zwanzig Minuten nach meiner Ankunft zur Stelle, um mit mir Kaffee zu trinken. Abends kommt er immer mal mit und schläft bei mir. In der ersten Zeit nur im Zimmer, seit einiger Zeit aber auch bei mir im Bett. Er hat sich sogar mal mit Kater Max, dem Chef des Hauses, geprügelt, um mich für sich allein zu haben. Er hat es tatsächlich geschafft, Max zu verscheuchen und hat sich dann zufrieden schnaufend wieder an mein Bein gekuschelt. Wenn er bei mir ist, drückt er sich fest an mich. Selbst wenn es 30°C im Sommer ist, rückt er mir hinterher, sobald ich versuche, etwas Luft zwischen mich und das warme Fell zu bringen.

Einmal des Nachts, als Loki glücklich zwischen meinen Beinen schlief, schlich sich Max zu mir ins Zimmer und wollte auch mit ins Bett. Das hatte er sich zumindest so gedacht: Als Max aufs Bett sprang, stand Loki auf, und hat die schnellsten fünf Ohrfeigen an Max verteilt, die ich je gesehen habe. Der arme verdutzte Max schaute ganz perplex Loki an, dann mich, dann trollte er sich wieder. Loki hingegen, zufrieden schnäufelnd, legte sich wieder auf seinen Platz, als wenn nie etwas gewesen wäre.

Sandra meint, dass Loki der scheueste Kater von ihren Katzen sei und dass er sich selbst dem langjährigen Sitter nicht gezeigt hat. Der Sitter sprach immer vom „Yeti-Kater": Man nimmt an, dass er bei Sandra wohnt. Gesehen hat man ihn aber noch nie. Loki hat mich zu seinem Lieblingsmenschen gemacht, einfach so. Warum? Ich weiß es nicht – jedes Mal, wenn ich ihn frage, lächelt er nur – und schnurrt ...

Joy (Jo)

Joy, genannt Jo, ist die große Graue Eminenz in Sandras Haushalt. Sie hat sofort ein besonderes Verhältnis zu mir aufgebaut und konnte mich von Anfang an gut leiden. Und das ist nicht nur den Leckerli geschuldet, die ich ihr immer wieder gern gebe, weil Sandra sagt, Jo sei etwas zu dünn für ihre Größe.

Es war wieder mal Urlaubszeit, Sandra mit ihrem Mann und beiden Dackeln machten Camping. Ich kümmerte mich also um die Kursvertretung und die Katzen, gleichzeitig war ich aber nicht gut drauf, meine Gedanken schweiften immer wieder nach Hause. Ich machte mir Sorgen um mein Schatzi, die gerade wegen eines Tumors im Krankenhaus war, und wir wussten nicht, ob die Operation harmlos war oder nicht.

Ich kam also von den Kursen zu Sandra nach Hause, machte den Katzen ihr verdientes Abendessen fertig und bestellte mir was beim Lieferservice. Zwar ging es meinem Schatzi nun wohl einigermaßen gut nach der OP, aber ich war trotzdem besorgt und hatte auch ein schlechtes Gewissen, weil ich nicht bei ihr sein konnte. Das Essen kam, und ich begann ohne großen Appetit zu essen.

Als ich fast fertig war, kam Jo mit ihrem geliebten Stofftier, Ratti genannt, laut das Lied der erfolgreichen Jägerin maunzend, zu mir und baute sich vor mir auf. Sie spuckte mir liebevoll den vollgesabberten Ratti (Jo hat keine Zähne mehr, weil diese aufgrund einer Erkrankung alle gezogen werden mussten) in den Schoß und schaute mich auffordernd an. Ich hatte nicht die geringste Ahnung, was sie mir sagen wollte. Sie maunzte wieder und begann ihre rechte Vorderpfote zu heben, als wenn sie „Give me five" mit mir machen wollte. Ich bedankte mich bei ihr für das Katzengeschenk und aß erst mal weiter.

Jo wiederholte ihr Maunzen und gestikulierte weiter in meine Richtung. Auch ihre geliebten Lecker-Stangen brachten sie nicht davon ab. Plötzlich bekam ich den Drang, Ratti in die Mitte des Zimmers zu werfen, was ich auch tat – und Jo flitzte wie der Blitz hinterher, packte Ratti mit dem Mäulchen und brachte ihn direkt wieder zu mir. Sie spuckte ihn wieder in meinen Schoß, schaute mich an, maunzte und gestikulierte wieder. Ich konnte nur erstaunt aus der Wäsche gucken. Ich warf Ratti wieder ins Zimmer, diesmal in die andere Richtung – und Jo brachte ihn wieder zu mir. So ging das Spielchen bestimmt zehnmal in Folge. Jo hatte ihren Spaß, und ich war für den Abend erfolgreich von meinen Sorgen abgelenkt. Das war das erste Mal, dass ich erlebt habe, dass Katzen apportieren können und auch noch höflich danach fragen.

Seit dieser Zeit spricht Jo sehr viel mit mir: Sie sitzt immer, wenn ich donnerstags komme, um meine Kurse zu geben, auf dem Kratzbaum und wartet auf ein traditionelles Leckerchen von mir. Wenn sie zwischendurch spielen oder Leckerli möchte, kommt sie zu mir und gestikuliert mit ihren Pfoten, als wenn sie „Bitte, bitte" sagen möchte.

Frühmorgens kommt sie immer zu mir ins Gästezimmer, legt sich wie ein Kind in meinen Arm und legt ihre Vorder-

pfoten um meinen Arm oder berührt mit der Pfote mein Gesicht. Meist folgt dann eine ausgiebige Waschung meines Ell-
bogens, der Hand oder was sie gerade erreichen kann. Dies
findet immer um die gleiche Uhrzeit statt, sodass man schon
von einem Jo-Wecker sprechen kann.

Jo hat ihre sehr eigene Bindung zu mir aufgebaut. Das be-
inhaltet auch das Legen der Pfote auf mein Bein, vorsichtiges
Ausfahren der Krallen und geduldiges Kraulen meines Beins.
Ich werde den Gedanken nicht los, dass sie mich gern als eine
Jungkatze ansieht, der sie beibringen muss, wie Maine Coon
Katzen mit Menschen reden.

Muck

Muck ist mein Gentleman. Ein schwarzweißer, großer Kater,
der aussieht, als hätte er einen Smoking an: Weiße Finger-
handschuhe, weiße Gamaschen und eine weiße Brust, die wie
der Ausschnitt eines Smokings anmutet. Ein eleganter weißer
Bart rundet das Bild ab. Wenn dieser Kater einen Zylinder
hätte, er sähe aus wie ein kleiner Fred Astaire. Er ist einer der
scheueren Vertreter der Brock'schen Katzenbande und meiner
Teilzeitkatzen.

Mittlerweile liebt auch er mich heiß und innig. Da der
ärmste mit FIP-Viren infiziert ist, hat er leider vermehrten
Speichelfluss und das besonders, wenn er sich freut oder aufgeregt ist. Für diesen kleinen Gentleman ist es mittlerweile
Routine, bei mir im Bett zu schlafen und morgens, bis ich richtig wach bin, mit mir zu kuscheln und sich den Bauch kraulen
zu lassen. Dabei wird sich meist vom Fußende an mich heran-
geschlichen, an der Seite entlang zu meiner Hand hochgear-

beitet – und fallen gelassen. Meist in eine entspannte Seit-Rückenlage, um möglichst viel Bauchfläche gleichzeitig massiert zu bekommen.

Es war wieder ein Workshop-Wochenende. Am Sonntagmorgen prasselte Regen auf das Dach, und es war insgesamt ein sehr ungemütlicher Tag. Ungefähr um halb acht kam Jo, der zuverlässigste Katzenwecker der Brock'schen Familie, zu mir ins Gästezimmer, um mich zu wecken und mir die Vorzüge eines frisch kredenzten Katzenfrühstücks zu erläutern. Im Halbschlaf mit noch geschlossenen Augen vereinbarte ich mit Jo, dass ich gleich aufstehen würde. Plötzlich traf mich ein nasser, kalter Tropfen auf die Wange. Hm, Wassertropfen? Ist ja ungewöhnlich, dachte ich mir. Und noch einer. Tropf, tropf, tropf … Oh nein, gestern Abend war Sturm gewesen. Nicht, dass sich ein paar Dachziegel gelöst hatten. Ich muss das unbedingt Micha sagen, damit er nach dem Dach gucken kann, schoss es mir durch den Kopf. Schlagartig war ich hellwach. Als ich die Augen öffnete, saß Muck neben mir auf dem Kissen, mich mit all seinem Charme anhimmelnd … und sabbernd! Die vermeintlich undichte Stelle im Dach war Muck, der mir liebevoll einen guten Morgen wünschen wollte und dabei zielgenau meine rechte Wange getroffen hat. Auf den Schreck gab es erstmal für Muck eine Streicheleinheit – und für mich ein Taschentuch zum Abwischen.

Katzupunktur

Manuela „Nourani Gamal" Ehlert

Als ich 14 Jahre alt war, gab es in der Nachbarschaft einen großen Maine Coon Kater namens Jerry, der mich sehr gut leiden konnte. Er wartete jeden Morgen darauf, dass ich das Haus verließ, um ein Stück meines Schulwegs mit mir zu gehen, also bis zur nächsten Bushaltestelle.

Wenn ich mittags nach Hause kam, wartete er auch an der Bushaltestelle auf mich. Das fand sein Frauchen, Frau Groß (Name geändert) immer so schön, wenn wir die Straße hochkamen, sodass sie mich an einem Tag im Juni direkt ansprach, ob ich nicht das Sitten für Jerry übernehmen wolle. Sie müsse für ein paar Tage zu ihrem Sohn nach Frankfurt fahren und Jerry wäre ja sonst sehr unkompliziert und wir würden uns ja eh so gut verstehen. Selbstverständlich willigte ich ein, da ich mich freute, noch mehr Zeit mit Jerry verbringen zu können. Also bekam ich ein paar Tage später den Schlüssel für Frau Groß' Wohnung. Morgens und abends sollte ich ihm Futter hinstellen, nach dem Katzenklo und Wasser sehen und die Post reinholen.

Als ich am nächsten Morgen – es war ein Sonntagmorgen – freudig rüber zu Frau Groß ging und die Tür öffnete, war ich irritiert: Jerry kam mir nicht entgegengelaufen. Ich suchte die ganze Wohnung ab – kein Kater zu sehen. Da er eine Katzenklappe hatte, dachte ich, er kommt bestimmt gleich zum Futtern rein. Also fing ich an, erst das Klo zu versorgen und dann den Napf zu tauschen und mit seinem Lieblingsfutter zu füllen. Seine Futterstelle befand sich im Flur, also machte ich mich mit dem Napf in der Hand auf den Weg zu seinem Untersetzer … und erschrak fürchterlich, als mich plötzlich etwas sehr Großes hart im Nacken traf! Es war Jerry, der mir auf dem Schrank neben der Tür aufgelauert hatte, bis ich den Napf aus der Küche brachte.

Dummerweise trug ich an diesem Tag eine Seidenbluse, die mir meine Mama mal für sonntags zur Kirche geschenkt hatte. Der arme Jerry verlor auf dem glatten Stoff den Halt und fuhr die Krallen aus, um sich an meinen Schultern festzuhalten. Leider vergebens. Das furchtbare Geräusch, das die zerreißende Seide machte, als der schwere Kater mit allen ausgefahrenen Krallen an meinem Rücken herunterrutschte, werde ich nie vergessen. Ich schrie vor Schmerz auf, Jerry floh mit gesträubtem Waschbärschwanz vor Schreck unters Bett, und das Futter verteilte sich auf den Fliesen im ganzen Flur.

Als der Schmerz nachließ, machte ich erst die Sauerei sauber. Jerry kriegte eine neue Portion, dann ging ich schnell nach Hause, da ich mich für den Kirchgang umziehen musste. Meine Mama bekam den Schreck ihres Lebens, als sie die Bluse und meinen Rücken sah. Die Bluse war hin, soviel stand fest. Meine Kratzer wurden mit Desinfektionsmittel und gefühlt meterweise Pflaster verarztet. Am Tag darauf ging es erst mal zum Arzt, um meine Kratzer dort zu zeigen. Sie waren sehr tief, und ich hatte auch Jahre später noch kleine Narben auf dem Rücken.

Als Frau Groß ein paar Tage später wiederkam und ihren Schlüssel holte, erzählte ich ihr von dem Vorfall. Sie war daraufhin sehr bedrückt, denn sie hatte vergessen, mir vor ihrer Abreise von ihrem Ritual zu erzählen, das sie und Jerry seit

Jahren pflegten: Jerry kletterte oder sprang gern, wenn sie ihn mit „Jerry, Essen fertig!" rief, auf ihren Rücken, um die ersten Brocken direkt aus dem Napf in ihrer Hand zu nehmen. Deswegen hing auch am Eingang immer ein dickes Badehandtuch, das sie sich um die Schultern legte.

Da Jerry seit der Aktion zwar gefressen (das konnte ich bei meinen Betreuungsgängen am geleerten Napf sehen) und auch das Katzenklo benutzt hatte, sich aber sonst nicht blicken ließ, wollte ich Frau Groß helfen, Jerry zu suchen, falls er immer noch verschwunden war. Sie bedankte sich und schenkte mir damals für den Schreck noch 10 DM.

Am nächsten Morgen saß Jerry wieder an seinem angestammten Platz (Frau Groß' Fußmatte), um mich auf meinem Weg zu begleiten. Er ging ganz schüchtern neben mir, als wenn ihm die ganze Geschichte leidtäte. Ich beugte mich zu ihm runter und sagte ihm, dass alles okay wäre und ich ihn immer noch mögen würde. Er revanchierte sich mit einem zufriedenen Schnurren und einer kleinen Schmuseeinheit.

Wir haben uns jeden Morgen weiter getroffen, solange Jerry lebte. Er wurde stolze 18 Jahre alt.

Teilzeitkatzen

(Teil Zwei: Max, Pauline und Raggi)

Manuela „Nourani Gamal" Ehlert

Max

Max ist schuld. Und zwar an der besten Kooperation, die ich mir vorstellen kann – der Zusammenarbeit zwischen Sandra Brock und mir im Tanzstudio Bodywave. Und was hat ein Kater mit einer Tänzerinnen-Kooperation zu tun? Nun, das kam so:

Sandra kenne ich schon seit ein paar Jahren lose aus der Tanzszene. Als ich 2017 etwas von Seidhr* und Tierkommunikation erwähnte, chatteten wir über Facebook, um einen Termin für einen Workshop zu finden. Dabei erzählte sie mir von ihrem Tigerkater Max, der neugierig seine Welt erkundete und dabei auch ihren Garten unsicher machte. Sie schickte mir ein süßes Bild von einem grauen Tiger, der am Gartenteich saß.

Als ich es betrachtete, erschien blitzartig ein Bild vor meinem inneren Auge, wie ein kleiner getigerter Kater am Rand einer grünen Regentonne, die an einer Ziegelmauer stand, saß, und gefährlich nah mit seiner Nase an der Wasseroberfläche schnüffelte. Dabei hatte ich förmlich ein dickes „Gefahr, Gefahr!" vor Augen stehen, wie eine blinkende Warnbake. Ich schrieb Sandra, was ich gerade „gesehen" hatte, und sie schrieb nur ein kurzes „Moment" zurück.

Eine beängstigende Viertelstunde lang war es ruhig in unserem Chat, dann die Erleichterung. Sandra schrieb mir, sie habe ganz schnell in den Garten gehen müssen, zu besagter Regentonne. Es war nämlich kein Deckel darauf, und es gab eine Möglichkeit für Max, die Tonne und das Wasser darin zu erreichen. Es hatte deswegen so lange gedauert, bis sie mir antworten konnte, weil sie einen Deckel für die Tonne gesucht hatte. Ich hatte ihr die Tonne und die Mauer so detailliert beschrieben, dass sie sofort nachsehen musste, ob die Tonne wirklich nicht abgedeckt war. Zum Glück war Max nicht in der Nähe der Tonne.

Kurz danach fand unser erster Workshop zum Thema Tierkommunikation statt, und ich konnte Max persönlich kennenlernen. Er hatte keine Scheu und begrüßte mich, als wäre ich schon immer Teil seiner Welt gewesen. Als ich ihn mit einem „Hallo Max" begrüßte, kuschelte er sich sofort an mich und begann heftigst zu schnurren. Heute ist er ein großer stattlicher Tiger und der Boss der Katzenbande. Jedes Mal, wenn ich zu Besuch komme, macht er sich sofort auf meinem Schoß breit und begrüßt mich mit seinem charmanten, aufgeregten Schnurren. Ich nenne ihn immer „mein Tigerkönig" (für einen Königstiger reicht es ja nicht 😊).

Seidhr: Eine Form schamanischer Magie aus der germanisch-skandinavischen Überlieferung.

Pauline

Pauline, Dackel Unkas, der Apfelkuchen und ich – das ist ein besonderes Highlight meiner Teilzeitkatzen.

Es war mal wieder Kulturnacht, das Duo Fantasia Orientica war mit Feuershow bei Sandra auf der Kulturnacht gebucht. Da es noch etwas Zeit war, fuhren meine Tanzpartnerin und ich zu Sandra, um gemütlich einen Kaffee zu trinken und einen kleinen Kuchenhappen zu essen – der Abend würde schließlich lang werden. Wir kamen an, ein überschwänglicher Unkas brummkreiselte jaulend und schwanzwedelnd um unsere Beine und begleitete uns zur Kaffeetafel auf die Terrasse. Natürlich ist auch er seines Zeichens ein ausgeprägter Feinschmecker und beobachtete das menschliche Kaffeeritual mit aufmerksamen Augen – könnte ja schließlich ein Krümel runterfallen, den man sofort beseitigen muss. Unkas ist sehr aufmerksam, wenn es um Krümel geht. Krümel auf dem Boden widersprechen seiner Dackelästhetik zum Thema Sauberkeit.

Nachdem der gemütliche Teil sich dem Ende näherte und wir uns für die Fahrt zum Studio fertig machen wollten, gingen Sandra, meine Partnerin und ich in die obere Etage, um die üblichen Vorbereitungen zu treffen: Schminken, Kostüme nochmal checken – was man als Künstler halt so vorbereitend macht. Damit blieb die Kaffeetafel unbewacht, denn Sandras Mann Micha war schon vorgefahren, um die Technik für die Musik auf dem Veranstaltungsplatz aufzubauen.

Eine unbewachte Kaffeetafel ist der Ort für das perfekte Verbrechen, musste sich Pauline gedacht haben, und sie ergriff natürlich die Gelegenheit. Die anderen Katzen waren alle aushäusig, die Menschen nicht da – und ein absolut lecker duftendes Stück Apfelkuchen war leichtsinnigerweise auf dem Tisch von den Menschen vergessen worden. Was für eine Gelegenheit!

Aufgrund der von uns später vorgefundenen Indizien müssen die Ereignisse sich in etwa so abgespielt haben:

Pauline und Unkas horchen sich um – die Menschen sind immer noch oben, nur leise Stimmen und Lachen tönt herunter. Die sind also beschäftigt. Pauline schlägt Unkas vor, sich den Kuchen zu teilen, so fifty-fifty. Da sie kein Obstfan ist, bekommt Unkas die Äpfel und sie den süßen Hefeteig. Pauline steht nämlich auch total auf Brötchen und Gebäck. Also spricht sie Unkas an, der eigentlich nicht mehr mit einem kleinen Happen vom Tisch gerechnet und sich für ein Schläfchen zusammengerollt hat:

(Stupst Unkas an und schubbert sich an ihm.) „He, Schlafmütze! Haste mitgekriegt? Die Felllosen sind oben, keiner da."

„Ja, und? (gähnt herzhaft) Die sind mit Kaffeetrinken fertig, und wir haben mal wieder nix abgekriegt."

„Genau darum geht es doch! Die sind oben, keiner ist hier unten, und guck mal, was da noch auf dem Tisch steht."

Unkas hebt den Kopf – tatsächlich! Eine Aluschale mit einem verwaisten Stück Apfelkuchen. Und wie der duftet!

„Und wie sollen wir da drankommen? Ich bin ein Dackel – die können nicht klettern."

„Ich komme auf den Tisch – ich kann da hochspringen. Wie wäre es, wenn wir fifty-fifty machen? Du die Äpfel, ich den Teig? Dann schmeiß ich die Schale runter, und du beißt die Folie auf."

(Gähnt wieder.) „Ok, dann mach hinne. Und bitte nicht so weit von der Couch weg – sonst ist der Weg so weit."

Pauline nimmt Maß, springt von der Couch auf den Tisch – und landet zielsicher elegant zwischen den Tassen und der Kanne. Sie fixiert die Aluschale und kneift die Augen zusammen. Stimmt, der Dackel hat recht. Die Schale zur Couch zu schieben ist der kürzere Weg. Ein bisschen Pfotenarbeit hier, ein Nasenstubser da – und zack, liegt die Schale auf der Couch. Sofort übernimmt Unkas seinen Part des Verbrechens: Schnell und routiniert wird die Folie mit der Schnauze gepackt und in kleine lustige Schnipsel gerissen. Unkas leckt sich die Schnauze – Pauline hatte recht. Der Kuchen sieht einfach zu lecker aus.

„He, sabber nicht den ganzen Kuchen voll! Wir haben ausgemacht, dass du die Äpfel und ich den Tei... He! Lass mir auch noch was über!"

„Wiefo? If doch noch genug da", mummelt Unkas zwischen Äpfeln und Hagelzucker. „Der Boden if doch dick genug".

„Mag sein, ich will aber auch was von den dicken süßen Körnern, also rück mal rüber".

Beide machen sich über die Schale her, vertilgen alle Reste. Als die Menschen wieder lautstark die Treppe runterkommen, sind bis auf ein paar Krümel die Spuren des Verbrechens beseitigt.

„Leck dir mal schnell die Schnauze" sagt Pauline, „du hast noch Krümel da". Schnell hüpfen beide auf die Terrassencouch, rollen sich ein und stellen sich schlafend. Nur durch ein Auge beobachten beide innerlich grinsend, wie ungläubig die Menschen sich die zerfetzte Folie und die verbeulte Aluschale ansehen und sich fragen, wohin der Kuchen wohl verschwunden ist.

Raggi

Ragnar, genannt Raggi oder auch mal Raggi Brockson, ist nicht nur der Star der Katzenbande, sondern auch für mich etwas ganz Besonderes: Er und ich haben am gleichen Tag Geburtstag. Ich habe ihn als kleines Katzenbaby kennengelernt und sogar mal Fläschchen gegeben und Popo geputzt. Er hat mir auf diese Weise alles beigebracht, was ich über Katzen weiß. Trotz der Tatsache, dass er der jüngere ist, nennt er mich immer „seine kleine Schwester" und erklärt mir immer gern die Katzenwelt als der GroßeBruderErklärbär. So habe ich mit Raggi durch die Tierkommunikation ein sehr enges Band geknüpft.

Raggi war wieder einmal unterwegs und nicht nach Hause gekommen – da er ja so seine Stationen hat, wo er sich gerne mal länger aufhält, dachte sich Sandra erst nichts dabei. Als dann aber aus einem Tag mehrere Tage wurden, wurde sie richtig nervös und bat mich, über die Tierkommunikation Kontakt mit Raggi aufzunehmen. Vielleicht könnte er mir ein paar Hinweise geben, wo er war.

Gesagt, getan: Ich bat Sandra um ein aktuelles Foto, auf dem Raggi allein, ohne andere Tiere und Menschen, zu sehen war. Ich ging bei mir zuhause in mein Arbeitszimmer, stellte die Klingel ab und die Telefone auf lautlos und begann mich auf das Foto zu konzentrieren und Kontakt mit Raggi aufzunehmen:

„Katzenbruder? Raggi? Bist du da?"

„Jaaajaaa jaaa, Hilfe, ich sitze fest!" Eine Flut von Bildern erscheint vor meinem geistigen Auge, so schnell, dass ich kaum mitkomme. Einiges kann ich erkennen: Ein Haus mit grünen Fenstern, einen Garten mit weißen Steinfiguren – aber dann wird die Bilderflut zu heftig und schnell. Ich fühle Panik in mir/Raggi aufsteigen.

„Mach langsam, Bruder – ich komm nicht mit. Ich kann kaum erkennen, wo du bist."

„Typisch Menschen – ihr seid manchmal so langsaaam!" Ich kann spüren, wieviel Adrenalin Raggi im Blut haben muss. Doch er bremst tatsächlich seine Bilderflut und zeigt mir einzelne Bilder: Eine Garage, sehr unaufgeräumt, mit viel Schrott. Fahrradteile liegen herum, ein alter Wohnwagen. An der Seite eine Wand mit Glasbausteinen, wo einer zum Lüften geöffnet ist.

„Kannst du da nicht wieder raus?"

„Neee, ich bin auf irgendwas gelandet und das ist umgefallen – jetzt sitz ich hier fest."

„Warum bist du denn überhaupt da rein?" frage ich ihn.

„Es roch hier so leeeeckaaaa nach Fisch." Kommt die prompte Antwort, begleitet von einem weiteren Schwall an Eindrücken: Es riecht in der Tat nach Fisch. In diesem Raum gibt es viel zu entdecken, und unter dem Wohnwagen ist ein tolles Katzenversteck.

„Weißt du noch, wie du zu diesem Ort gekommen bist?" frage ich ihn. Er zeigt mir seine Route, die er gelaufen sein muss: Ein großes Gebäude, daneben ein Spielplatz mit bunten Holzspielgeräten, dann ein Garten mit großen weißen Steinskulpturen. Von dort aus geht es durch Büsche zu einer sehr vernachlässigten Wiese – die nennt er immer nur „die Rattenwiese". Ganz in der Nähe muss also diese Garage oder der Schuppen sein, in dem er festsitzt. Ich erhalte, wenn ich mit den Tieren kommuniziere, immer alle Eindrücke aus ihrer Perspektive. Wenn Raggi also etwas ansieht, sehe ich es auch, als wäre ich so groß wie Raggi. Daher sind Entfernungsangaben immer schwierig zu deuten.

Zum Glück waren der Garten und die Rattenwiese so markant, dass ich diese Bilder an Sandra weitererzählte. Sie konnte damit auch was anfangen und wusste ungefähr, wo das sein könnte. Es musste die Garage eines Nachbarn drei Häuser weiter sein. Und, so bestätigte sie mir später, er lagerte in einer ziemlich zugestellten Garage auch Angelköder! Da diese teilweise sehr aromatisch nach Fisch rochen, konnte mein Katzenbruder nicht widerstehen – und musste durchs offene Tor oder Fenster hineingeschlichen sein. Der Nachbar hatte ihn nicht gesehen und das Tor geschlossen.

Durch die Details wie die grünen Fenster und die Rattenwiese konnten wir also eingrenzen, wo in etwa Raggi sein musste. Sandra startete über die Vernetzte-Nachbarn-Gruppe auf Facebook und WhatsApp einen Aufruf mit einem Foto von Raggi, doch bitte in den Garagen und Schuppen mal zu schauen, ob dort irgendwo Raggi eingesperrt sein könnte.

Ein paar Stunden später bekam ich von Raggi ein erleichtertes „Uff, ich kann raus! Man hat das große Tor aufgemacht!" gesendet, und ich konnte Sandra mitteilen, dass Raggi unterwegs zu ihr war. Sie war zu diesem Zeitpunkt im Garten und hörte ein klägliches Maunzen, das immer näher kam. Plötzlich sah sie Raggi. Er hielt kurz auf dem Zaun, über den er immer gehüpft kam, inne – um dann in einem olympiareifen Sprint auf sie zuzurasen und ihr maunzend in die Arme zu springen. Eine hollywoodreife Leistung.

Sowohl eine überglückliche Sandra als auch ich haben Raggi den Schwur auf die große Katzenkaterkriegerehre abgenommen, dass er nie wieder in fremde Schuppen/Garagen schleicht und vor allem, dass er sich mindestens zweimal am Tag blicken lässt, um zu zeigen, dass es ihm gut geht.

Bis jetzt hat der kleine Wikinger sich immer an seinen Schwur gehalten.

Lady, der weiße Engel

Liora Eichhorn

Vor langer Zeit, um genau zu sein vor acht Jahren, musste ich unseren geliebten Kater Cäsar gehen lassen. Er war fünf Jahre zuvor mit seiner Schwester Cleopatra über eine private Familie zu uns gekommen. Nach langer Krankheit durfte er dann in den Katzenhimmel gehen. Cleo, die niemals ohne ihn gewesen war, trauerte sehr und suchte ihn überall.

Nach ein paar Wochen entschlossen wir uns, Cleo eine neue Weggefährtin zu besorgen. Ich hatte in meinem Leben immer Katzen in unserem Haushalt gehabt. Es waren immer die typischen niederrheinischen Hauskatzen gewesen. Also schwarz, grau oder getigert. Nun wollte ich etwas anderes.

Nach einigem Suchen entdeckte ich über eine Tierschutzgruppe eine schneeweiße Türkisch-Van-Katze, in die ich mich sofort verliebte. Sie kam wohl ursprünglich aus der Türkei und lebte nun in einer Pflegefamilie. Dort gab es ebenfalls drei ältere Angorakatzen, so dass ich davon ausging, dass sie mit anderen Katzen verträglich war. Also fuhr ich nach Absprache mit der zuständigen Dame die Katze besuchen.

Zu meiner Enttäuschung saß die Katze voller Angst ganz oben auf einem Kleiderschrank im Schlafzimmer. Dann entdeckte ich, dass sie auf einem Auge blind war. Mir wurde erklärt, dass solche weißen Katzen oft blind oder taub oder sogar beides sind. Die Frage war nun, ob ich sie trotzdem haben wollte.

Ich musste gar nicht lange überlegen. Da ich selber auf einem Auge sehr schlecht sah, war dieses Zusammentreffen geradezu schicksalshaft. Diese Katze war ganz klar MEINE.

Wir haben ein Einfamilienhaus mit einem Garten in einer ruhigen Gegend. Als ich erwähnte, dass die Katze später Freigang haben sollte, machte die Dame zunächst Schwierigkeiten. Erst nach einem langen Gespräch konnte ich sie davon überzeugen, dass ihr Schützling bei uns in guten Händen war. Also kam die Katze in unseren Korb und zu uns nach Hause.

Zuhause strich die alte Cleo neugierig um den Korb herum und schnupperte. Als wir ihn öffneten, rannte die weiße Katze voller Panik in den Keller, sprang auf die Regale und versteckte sich hinter den Marmeladengläsern. Es dauerte Wochen, bis sie sich die Treppe rauf traute. Nur nachts kam sie vom Regal runter, um zu fressen und aufs Klo zu gehen. Uns wurde klar, dass diese Katze einiges erlebt haben musste und unsere ganze Geduld brauchte.

Sie war sehr schmal und elegant, und wir nannten sie Lady. Mit der Zeit wurde sie zutraulicher und kam abends beim Fernsehen auf meinen Schoß. Auch wurde sie zur Freigängerin und zu einer exzellenten Jägerin. Die Mäuse, die sie mir als Geschenk auf die Terrasse brachte, waren nicht zu zählen. Ihr Misstrauen Männern gegenüber legte sie nie ab, und sie reagierte oft scheu, da sie ja von einer Seite nicht sehen konnte.

Zwei Jahre später entschlossen wir uns, noch eine Katze zu adoptieren, nun eine rote. Diese kam aus einer privaten Familie und hatte das entsprechende Selbstbewusstsein. Sie stieg aus dem Transportkorb und war sofort der Boss. Wir nannten sie Missy. Es dauerte fast drei Jahre, bis meine drei Damen sich zusammengerauft hatten und sich in ihrer WG akzeptierten.

Im Frühling dieses Jahres kam Lady humpelnd nach Hause. Nach einer Röntgenaufnahme in der Tierklinik stellte sich heraus, dass der Hinterlauf gebrochen war. Die Fraktur sah so ungewöhnlich aus, dass die Tierärztin meinte, jemand habe wohl der Katze etwas hinterhergeworfen und sie getroffen. Kein schöner Gedanke.

Wir bauten Lady auf der Terrasse einen großen flachen Käfig, bequem mit Teppich, Kuschelkörbchen und Klo. Doch ohne Deckel, da sie mit dem dick bandagierten Hinterlauf nicht springen durfte. Das sollte nun für die nächsten sechs Wochen ihr Aufenthaltsraum sein. Zweimal die Woche fuhren wir in die Klinik zum Verbandswechsel. Die Ärzte sagten, dass sie selten so eine liebe Katze gehabt hätten. Trotzdem jammerte Lady oft, weil sie nicht raus durfte.

Als die sechs Wochen endlich um waren, konnte der Verband runter. Wieder zuhause, war Lady nicht mehr zu halten. Ich ließ sie in den Garten, und mit den drei gesunden Beinen sprang sie sofort in unseren Magnolienbaum. Wie hatte sie das vermisst!

Es dauerte noch ein paar Wochen, bis die Muskulatur im Hinterlauf wieder aufgebaut war. Doch Lady war überglücklich, wieder ihr gewohntes Leben zu haben.

Wir hatten einen schönen Sommer mit vielen Mäusen. Bald fiel mir auf, dass Lady abnahm.

Da sie immer schmal war, dachten wir uns erstmal nichts dabei. Dann fing sie an, ungewöhnlich viel zu trinken und immer weniger zu fressen. Als dann auch noch Durchfall hinzukam, ging es wieder in die Tierklinik. Ein Ultraschall wurde gemacht, und man stellte zu meinem Entsetzen einen Darmtumor mit Metastasen fest.

Lady schaute mich an, bereit, über die Regenbogenbrücke zu gehen. Sie war sieben glückliche Jahre bei uns. Ich denke oft an sie und werde sie immer in Erinnerung behalten, denn sie war ganz besonders MEINE Katze.

Am Ende der Welt

Anke Elsner

Die Bretagne – ein Ferienziel, auf das wir uns schon lange gefreut hatten. Ohne vorher eine Unterkunft gebucht zu haben, fuhren wir vor einigen Jahren im Herbst an der französischen Küste entlang und landeten schließlich in einem kleinen Fischerort in der Finistère, was so viel bedeutet wie „Ende der Welt". Zu damaliger Zeit gab es dort lediglich drei Geschäfte. Zwei davon verkauften Austern, während das dritte eine überschaubare Auswahl an Lebensmitteln und Dingen des täglichen Bedarfs führte. Durch Zufall – glücklicherweise sprachen wir ein wenig französisch – trafen wir beim Einkaufen auf eine betagte Dame, die sich bereit erklärte, uns ein altes ehemaliges Fischerhaus für zwei Nächte zu vermieten.

Kaum hatten wir die Unterkunft gesehen, verliebten wir uns sofort in unser neues Heim: helle Natursteinmauern, das windschiefe Dach mit seinen schwarzen Schieferplatten, eine altmodisch eingerichtete Wohnküche, und im Schlafzimmer ein poliertes riesiges Mahagonibett mit passendem überdimensionierten Kleiderschrank. Ein winziger Garten umschloss dieses landestypische Haus. Auf der Fußmatte vor der niedrigen Eingangstür saß eine magere Katze, grau getigert mit weißen Pfötchen und einem ebensolchen Fleck über der Nase. Sie schaute uns prüfend an.

Als wir nach einem letzten begeisterten Blick auf unsere urige Unterkunft eintreten wollten, erhob sie sich langsam, um Platz zu machen und folgte uns hinein. Ich fühlte mich zunächst ein wenig unsicher: Was sollten wir mit dem kleinen Tier anfangen? Nicht, dass wir keine Katzen mochten, aber aufgrund unserer Wohnsituation in Deutschland hatten wir noch nie eine besessen.

Doch diese schien uns auserwählt zu haben. Zunächst lief sie langsam durch den Wohnraum, schaute sich gründlich um und landete schließlich vor dem warmen Ofen. Am Abend saßen wir zu dritt um den alten Küchentisch: Mein Freund und ich spielten Karten, während sich „Fleckchen", so hieß die kleine Katze bei uns, mal auf dem einen, mal auf dem anderen Schoß schnurrend zusammenrollte. Wir fühlten uns dabei alle ausgesprochen behaglich.

Irgendwann stand ich auf, um für unseren Gast etwas Milch aus dem Kühlschrank zu holen. Vorsichtig schüttete ich ein wenig auf eine alte Untertasse und verdünnte sie mit Wasser. Kaum stand alles auf dem Steinboden, sprang das Tier von meinem Stuhl, von dem aus es mich aufmerksam beobachtet hatte, und lief zu dem kleinen Teller. Genussvoll schleckte es die Flüssigkeit auf, setzte sich auf die Hinterbeine und begann sich zu putzen.

Nicht lange danach gingen wir schlafen: mein Freund und ich im Nebenraum, die Katze vor dem Ofen. Doch kaum lagen wir im Bett, fingen unsere Beine an zu jucken. Vielleicht eine Allergie gegen das französische Waschmittel? Die Nacht gestaltete sich aufgrund diverser Kratzeinlagen ein wenig unruhig. Am nächsten Morgen begutachteten wir kurz unsere Beine: Mehrere kleine rote Beulen zierten die Unterschenkel. Andererseits – es gab Schlimmeres, die Haut würde sich schon wieder beruhigen.

Während wir nun aufbrachen, um uns die Umgebung näher anzuschauen, ließen wir unseren kleinen Gast nach draußen, damit er zu seinem Besitzer zurückkehren konnte, sollte es einen solchen geben. Doch bei unserer Rückkehr am Abend wartete Fleckchen wieder auf der Fußmatte.

Als sich in dem Moment kurz eine andere Katze im Garten zeigte, wurde diese fauchend vertrieben. Wie selbstverständlich kam uns danach unsere Mitbewohnerin ins Innere des Hauses hinterher und wieder verbrachten wir einen harmonischen Abend zusammen. Dann folgte unsere letzte Nacht in der Finistère. Der Juckreiz hatte sich so stark gesteigert, dass wir kaum schlafen konnten. Als wir am nächsten Morgen schließlich wieder gemeinsam am Küchentisch saßen, Fleckchen auf meinem Schoß, fiel mein Blick beim Streicheln zufällig kurz auf das weiche Fell der Katze: Überall zwischen den feinen Haaren wimmelte es von winzigen schwarzen Tieren, die sich dort ausgesprochen wohl zu fühlen schienen. Vorsichtig setzte ich unseren kleinen Gast vor den Ofen. Als ich danach langsam mein Hosenbein hochzog, entdeckte ich auch dort … Katzenflöhe.

Mit einer Geschwindigkeit, die mich selbst überraschte, zog ich meinen perplexen Freund vom Stuhl und stürmte mit ihm ins Badezimmer, wo ich einen kurzen Überblick über die Lage gab. Nachdem wir ausgiebig geduscht hatten, gingen wir zurück in die Wohnküche. Fragend schaute uns Fleckchen an, aber diesmal musste sie sich mit ein paar lieben Worten begnügen.

Wir liefen so schnell es ging zu dem kleinen Dorfladen, um dort mit anschaulichen Gesten unser Problem zu schildern. Theoretisch wollten wir bereits abgereist sein, aber praktisch konnten wir unsere Mitbewohnerin nicht mit ihren saugenden Untermietern zurücklassen. Glücklicherweise verstand uns die Besitzerin, lächelte breit und holte aus einer versteckten Ecke ein Halsband. Mit diesem Utensil eilten wir zurück in das Fischerhaus. Fleckchen sah uns überrascht an, als mein Freund ihr das Flohhalsband umlegte, aber sie vertraute uns und ließ es geschehen.

Danach mussten wir uns beeilen, da die Zeit der Abreise schon längst gekommen war. Wir packten rasch unsere Sachen, luden sie ins Auto, streichelten noch einmal kurz über Fleckchens Fell und ließen die kleine Katze auf der Fußmatte zurück. Es fiel uns schwer, von ihr Abschied zu nehmen, aber sie würde nun auf den nächsten Mieter warten und – wenn alles gut ging – alleine, ohne die Flöhe.

Wie aus Kitty Karlchen wurde

Kristin Fieseler

Es war einmal ein kleines, rotes Fellknäuel auf dem Arm meiner Freundin. Smaragdgrüne Augen zwinkerten mich an, als mir Gudrun das zierliche Katzenkind in die Arme legte. Ein vorsichtiges, leises Maunzen ertönte. Ich griff mit meiner Hand in die größte Flauschigkeit der Welt. Sofort erklang ein Schnurren wie von dem leisesten Staubsauger, den ich kannte. Da ich ein großer Fan von Hello Kitty war, konnte dieses kleine Wunder auf vier rosazarten Mini-Samtpfoten natürlich nicht anders als Kitty heißen.

Kitty liebte es, sich zu verstecken. Da sie erst zehn Wochen alt war, konnte ich sie oft nicht finden. Sie verschwand manchmal für Stunden, bis ich dieses kleine Staubsauger-Geräusch im Wohnzimmer vernahm. Das Schnurren kam eindeutig aus dem beigefarbenen Wildledersofa, das uns ein Nachbar geschenkt hatte. Ich spitzte die Ohren und folgte dem Ursprung des Geräusches. Ich kniete hinter dem Sofa, mein Kopf senkte sich ganz hinunter, bis ich sah, dass die untere schwarze Abfütterung des Sofas herunterhing und Kitty wie in einer kleinen Hängematte ihren idealen Wohlfühlort gefunden hatte.

Irgendwann stellte sich uns die Frage, wann wir Kitty mal die Natur erforschen lassen würden. Wir hatten Bedenken, dass sie weglaufen könnte, und so kauften wir ein glitzerndes rotes Geschirr mit Leine. Die Kinder hatten Spaß, mit Kitty im Garten herumzuspazieren, während sie sich in ihrem Goldenen-Käfig-Geschirr irgendwie komisch herumschlängelte. Und so geschah es eines Tages, dass Kitty eine erfolgreiche Verrenkung fand, um diesem Geschirrzeug ein Ende zu setzen.

Mit vor Entsetzen offenen Mündern kamen die Kinder aufgeregt ins Wohnzimmer gerannt und berichteten von der erfolgreichen Flucht unserer heißgeliebten Kitty.

Wir starteten sofort eine Suchaktion. Dafür teilte sich die Suchmannschaft aus fünf Leuten auf. Zwei grasten den gesamten Garten ab, indem sie immer wieder „Kitty" riefen. Zwei weitere Sucher machten sich auf den Weg, um in unserem Viertel die Umgebung abzuwandern. Und mein Mann überlegte, wie wohl eine kleine Katze denkt. Was könnte ein Kätzchen interessieren? Was war unwiderstehlich?

Als der leider erfolglose Suchtrupp sich nach einer Weile wieder im Wohnzimmer einfand, war klar, wir mussten eine Stufe hochschalten. Wir entwarfen also Suchzettel mit Foto von Kitty. Wir beklebten alle Laternenpfähle im Viertel.

Plötzlich kam ein Aufschrei aus dem Garten. Kitty war gesichtet worden. Sofort rannten wir alle zur Terrassentür und riefen nach ihr. Ein kleiner Schatten war in der Buchsbaumhecke zu sehen, doch er entfernte sich wieder. Dort grenzte unser Garten an das Grundstück einer Nachbarin, bei der man nicht so gerne anklingelte. Sie war eine von denen, die leicht genervt sind. Die Kinder wollten schon mal nicht, also stiefelte ich los und fragte nach. Ein Augenrollen bis hinter die Schädeldecke war die Antwort auf meine Frage, ob ich unsere entlaufene Kitty bei ihr einfangen dürfte. Doch sie gestattete es. Ich ging vorsichtigen Schrittes in den Garten der Nachbarin und schlich zu der Buchsbaumhecke.

Nichts. Kitty hatte sich in Luft aufgelöst.

Tage vergingen, und Kitty tauchte nicht auf. In unserer Fantasie stellten wir uns vor, wie sie durch die Nachbarschaft stromerte und gelegentlich mit unserer Nachbarin Rommé spielte, was diese nämlich sehr gern tat. Bestimmt war das alles für unser Kätzchen ein großes Abenteuer.

Eines Abends hörten wir aber ein lauteres, klägliches Maunzen in der Hecke. Der Hunger trieb uns wohl Kitty nach Hause.

Sofort sausten die Kinder in die Küche und organisierten ein Futterschälchen, das sie im Garten aufstellten.

Das Miauen kam näher und näher, bis Kitty sich endlich zeigte und kurz darauf genüsslich aus dem Schälchen fraß. Just in diesem Moment kam der berüchtigte Griff im Nacken, und wir hatten den Ausreißer gesichert.

Schnell das Futternäpfchen einsammeln, die Katze hineintragen, Terrassentür schließen und aufatmen. Der Jubel war groß. Kitty war wieder zu Hause.

Doch was war das? Sie schaute enttäuscht durch die Glasscheibe der Tür in den Garten. Vermisste sie ihre Freiheit? Und als sie so dastand und ihr Hinterteil präsentierte, fiel mir etwas sehr Wichtiges auf. Wie konnte ich das nur bisher übersehen?

Wir lachten uns kringelig. Meine Güte, Kitty war ein Kerl. Und natürlich konnte sie/er auf keinen Fall diesen Namen behalten. Wir überlegten kurz, und da der Bruder meiner Lieblings-Oma Karl hieß, war das von nun an Karlchen.

Na sowas! Karlchen kennen wir ja schon aus Felimania. Ich hätte nicht vermutet, dass der sein Leben mal als Kitty begonnen hat. Egal, da sind wir ganz modern. Hello Karlchen!

Ein bisschen Süßes zur Videokonferenz

Kristin Fieseler

Am Anfang meines Homeoffice-Daseins habe ich Striche mit einem 4B-Bleistift auf die Raufasertapete gemalt, so wie eine Gefangene von Alcatraz. Nach einer weiteren Woche fing ich an, den morgendlichen Arbeitsbeginn mit einer Teezeremonie zu begrüßen. Noch eine Woche später habe ich Yoga-Übungen auf meiner flauschigweichen Matte in fröhlich-depressivem Lila vollführt. Die Folge war, dass ich „joggingbuxierte"*. War ja kein ernstes Problem, denn die Videokonferenzen zeigten nur meinen perfekt gestylten Oberkörper mit frisch gebügelter weißer Stehkragenbluse. Oben hui, unten pfui sozusagen.

Irgendwann fing ich an, den Inhalt meines Kühlschrankes rund um den Monitor, allerdings außer Sichtweite der Kamera, geschickt zu platzieren, um in Zeiten der Not auch mal zugreifen zu können.

Während der kamerafreien Telefonate mit den Kunden lackierte ich mir die Fingernägel in modernem Türkis. Das war mit dem praktischen Headset kein Hindernis. Ich erweiterte sogar mein Beautyprogramm um pinke Lockenwickler für extrasexy Locken für das abendlich-erotische Echtzeitmeeting mit meinem Freund.

Nach geübtem Umgang mit dem Headset begab ich mich aufs nächste Level. Ich kochte ein veganes Menü mit pürierten Cashewnüssen, während ein Kunde mir von seinen tragischen Softwareproblemen berichtete. Ich würzte mein Gericht und erklärte ihm, dass Gelassenheit doch das Salz in der Suppe sei. Innerlich klopfte ich mir dabei für diese Gedanken auf die Schulter.

Doch ich legte noch eins drauf. Ich riskierte einen Kommentar, als ich duschend telefonierte. Wie das geht? Natürlich trug ich einen Regenhut über dem empfindlichen Headset. Ich entgegnete: Ja, es regnet heute sehr stark bei uns. Der Vorteil von der Duscherei war, dass ich superentspannt war, und das Eskalationsticket auf Alarmstufe Rot hatte ich durch meine kreativen Beruhigungsformeln weggelabert. Was soll ich sagen? Meine Erfolgsquote ging steil nach oben, und mein Chef war mehr als zufrieden.

Bis mein karamellfarbener getigerter Kater Karlchen auf die Idee kam, während meiner Videokonferenzen im Bild aufzutauchen. Beim ersten Mal kratzte er lustvoll am 20-Euro-Kratzbaum in kordelbeige aus dem Supermarkt. In seinem zweiten Auftritt zerlegte er den Kratzbaum. Aber beim dritten Mal übertraf er sich selbst. Er hüpfte auf meinen Schoß und schmuste mit der Kamera. Der Kunde auf der anderen Seite erstarrte im Zustand höchster Verzückung. Kurzum, dieser Auftritt verbreitete sich wie ein Lauffeuer. Erste Kunden fragten nach Kater Karlchen und meinten, dass sie nur mit mir eine Videokonferenz abhalten würden, wenn der süße Kater anwesend wäre. Ich hatte keine Wahl.

Neue Kunden bestellten eine Videokonferenz mit Kater Karlchen, wie andere eine Pizza mit extra viel Käse. Ich wurde zu einem Neben- und mein Kater zu einem Sinnbild all der Süße dieser Welt.

Kunden forderten mich auf zu schweigen, um sich ganz der hohen Bewegungs- und Spielkunst von dem süßen Kater zu widmen. Es ging so weit, dass sie mich baten, aus der Bildfläche ganz zu verschwinden. Ich saß also staunend daneben, und meine Kunden klatschten euphorisch zu den eleganten Bewegungen meines Katers, als er eine Spielzeugmaus fing, und zu seinen Sprüngen von einer Sofalehne zur anderen.

Es gab kein Halten mehr. Die Kunden riefen meinen Chef an und erzählten begeistert von diesem genial-süßen Kater. Ich wurde mit keinem Wort mehr erwähnt. Und mein Chef fing an, die Darstellungskünste meines Katers in den höchsten Tönen zu loben. Innerlich drehte ich am Rad. Ich dachte, ich wäre meinen Job los, wirklich. Aber mein Chef sagte, ich wäre ein exzellenter Coach. Er wollte meinen Kater Karlchen für Samstagabend per Videokonferenz für zuhause buchen, denn seiner Familie würde so langsam, aber sicher die Decke auf den Kopf fallen.

Es ist durchaus eine Überlegung wert, ob ich Karlchens Darstellungskünste vermarkte und damit ein willkommenes Nebeneinkommen generieren kann. Denn Homeoffice hat unglaubliche Zukunft. Und süße Katzen gehen immer.

Joggingbuxe ist ein westfälischer Ausdruck für Jogginghose.

Alles neu macht der ... August

Heidi Giebel

Ein Morgen im August 2021 – eigentlich sollte es ein Tag wie jeder andere werden. Doch es kam anders.

Ich war schon fast auf dem Weg zu einem Spaziergang, da erreichte mich ein Anruf, ein Notruf. Im Tierheim in Schleswig saß eine 16 Jahre alte Kätzin, blind, taub und krank, die nur zusammengerollt und meist schlafend anzutreffen war. Sie hieß Flori und brauchte dringend ein liebevolles Zuhause, in dem auf ihre speziellen Bedürfnisse eingegangen werden konnte.

Man hatte Flori ausgesetzt auf der Straße gefunden und im Tierheim abgegeben. Ich überlegte keine Sekunde und holte sie zu mir, als neues samtpfotiges Familienmitglied zu meiner Katze Salomé.

Flori war abgemagert und ängstlich, verständlicherweise. Kätzin Salomé zeigte sich nicht begeistert, sie ergriff erst einmal die Flucht und sprang auf den höchsten Kratzbaum. Ich war mir aber sicher, dass die beiden sich aneinander gewöhnen würden.

Im Wohnzimmer nahm ich nun architektonische Veränderungen vor und passte alles den Bedürfnissen der blinden Flori an; Kratzbaum, Kuschelhöhlen, Katzenklo und Futternäpfe bekamen für sie einen festen Platz. Salomé beobachtete die Veränderungen mit Skepsis, doch Flori fand sich schnell zurecht. Ihr Lieblingsplatz wurde das gemütliche Sofa, welches sie gern mit mir teilte.

Alles verlief harmonisch, und Salomé gewöhnte sich an die neue Situation, nur das Katzenklo wurde zum Problem. Oft wollten beide es gleichzeitig benutzen. Mit lautem Knurren und Fauchen gingen sie in die Klärung, wer Vorrang hatte. Beißen konnte Flori zwar nicht, da sie nur noch einen Zahn hatte, aber mit ausgefahrenen Krallen wurde Salomé abgewehrt, Fellfetzen flogen.

Salomé gab auf, und Flori hatte von nun an das Sagen.

So gingen die Monate ins Land, und nicht nur der Alltag von Flori hat sich seit jenem Augustmorgen verändert, sondern auch meiner. Dreimal täglich bekommt sie unterschiedliche Medikamente, die ich pünktlich geben muss. Alles Futter oder Fleisch muss zur Suppe zerkleinert werden, damit sie es leicht schlucken kann.

Flori hat sich zum Pummelchen gemausert, ist nicht mehr ängstlich. Mit ihren Krallen und dem einzigen Zahn verteidigt sie ihr Revier. Alles wird markiert, auch ich bleibe davon nicht verschont. Salomé akzeptiert die Rangordnung. Flori ist Herrin über Klo und Sofa. Ein weiteres Klo im Bad und das Bett gehören Salomé, ich gehöre beiden Samtpfoten – und beide Samtpfoten gehören mir.

Wir Drei haben unseren Alltag mit den unterschiedlichen Bedürfnissen und Ritualen gefunden, mit manchmal seltsamen Überschneidungen. Ich liebe den duftenden Kaffee am Nachmittag, und genau um diese Zeit setzt bei Flori die Verdauung ein – hmm ... es ist immer wieder ein Erlebnis, welch kontrastreiche Düfte sich am Nachmittag im Raum entfalten. Diese Zeit ist Salomés Schlafenszeit. Sie lässt sich dadurch nicht stören und überlässt es mir, für Frischluft zu sorgen.

In Harmonie leben wir nun schon viele Monate miteinander – Flori, Salomé und ich.

Tierarztgeschichten

Margit Günster

Polly war eine meiner ersten Stallkatzen, übernommen vom Tierschutz, ausgesucht vom Tierheimpersonal. Ich hatte darum gebeten, eine Katze zu bekommen, die alleine im Stall bleibt und nicht so menschenbezogen ist, da zwischen meiner Wohnung und dem Stall eine damals noch vielbefahrene Bundesstraße mit ca. 20.000 Autos am Tag war. Deshalb wollte ich vermeiden, dass sie versucht, mir nachzulaufen und so ein weiteres Opfer der Straße wird.

So wurde Polly ausgewählt, die aus einer Zwangsräumung eines Bauernhofs stammte und sicherlich ihre Gründe hatte, den Menschen nicht zu trauen.

In der ersten Zeit hielt sie sich immer bei menschlicher Anwesenheit zwischen den Heu und Strohballen im Lager auf und kam selbst zum Fressen nicht hervor. Aber sie hatte den Stall als neues Zuhause angenommen und nahm auch mein Futter an. Aber nur, wenn ich weg war.

Nach einiger Zeit wurde sie zutraulicher und fraß schon, wenn ich noch in der Nähe war. Irgendwann hatte sie dann beschlossen, dass ich harmlos, aber praktisch war und ließ sich auch anfassen. Was natürlich gut war, denn sie musste ja auch geimpft werden und regelmäßig eine Wurmkur verpasst kriegen. Das schätzte sie natürlich gar nicht. Meist hatte sie mir aber nach spätestens zwei Tagen verziehen, und es ging alles seinen gewohnten Gang.

Eines Tages bemerkte ich, dass sie offenbar Zahn- oder Maulprobleme hatte, was mal wieder einen Besuch beim Tierarzt notwendig machte. Nach einer kurzen Untersuchung wurde ein Termin zur Zahnbehandlung gemacht, und sie konnte wieder mit nach Hause.

Wenige Tage später musste sie dann wieder zum Tierarzt. Diesmal musste sie bleiben und sollte später wieder abgeholt werden. Vorher sollte ich aber anrufen, ob sie schon so weit war, damit ich nicht umsonst hin und her fahren musste.

Nun muss zum besseren Verständnis erwähnt werden, dass das Ganze schon etwas her ist. Damals gab es gerade mal die ersten Handys, die mit den heutigen nicht zu vergleichen sind, mit den modernen Smartphones schon gar nicht.

Bei meinem Anruf von Festnetz zu Festnetz wurde mir mitgeteilt, dass Polly wach und abholbereit sei. So fuhr ich dann zur damals noch ziemlich kleinen und neuen Praxis des Tierarztes. Hier wurde mir auch ein Katzenkorb mit Katze ausgehändigt. Dass es nicht mein Korb war, erkannte ich auf den ersten Blick. Ein kurzer Blick in den Korb ließ erkennen, dass hier nicht nur der Korb vertauscht worden war. In dem Korb saß eine mir völlig fremde Katze.

Ich wies darauf hin, dass hier wohl eine Verwechslung vorlag und diese Katze nicht meine Polly war. Und dass der Korb nicht meiner war. Sofort wurde der Korb genommen und sollte getauscht werden. Wenige Sekunden später tauchte eine ziemlich ratlose Tierarzthelferin auf. Das könne nicht sein, es sei keine weitere Katze in der Praxis. Ich bestand darauf, dass es nicht meine Katze ist und dass ich natürlich nicht irgendeine, sondern meine Katze haben wollte. Große Ratlosigkeit. Den Chef konnte man nicht fragen, er war im Außeneinsatz und nicht zu erreichen. Nicht vergessen, damals griff der Tierarzt noch nicht einfach so in die Hosentasche und holte sein Smartphone heraus. Des Weiteren gab es auch nicht immer ein Netz. (Das ist hier allerdings heute auch noch so.)

Ich wurde langsam ungemütlich, weil ich wissen wollte, wo Polly war. Dann fiel der Kollegin ein, dass sie heute ja auch die Katze vom Bauernhof kastriert hatten. Vielleicht waren beide Katzen vertauscht worden. Da die Praxis sich auf dem Bauernhofgelände befindet, lief schnell jemand zum Haus und fragte nach. Hier konnte man aber keine Auskunft geben, die Bewohner, welche die Katze abgegeben hatten, waren nicht zuhause. Und die Angetroffenen wussten nicht Bescheid. Also telefonischer Versuch beim Chef. Leider sehr schlechte Verbindung, die plötzlich abbrach. Nächster Versuch auf das Autotelefon, das noch nicht abgeschafft war. Ein riesiger Kasten, der bei Bedarf auf die Motorhaube gestellt wurde, damit der Doktor auch irgendwo im Stall oder in einiger Entfernung auf der Weide erreichbar war. Diesmal klappte es. Es gab einiges Rätselraten, bis man schließlich die Lösung fand.

Mit den Bauern war ausgemacht worden, dass der Korb mit ihrem Kater etwas versteckt draußen deponiert werden sollte, damit sie ihn abholen können, wenn sie gerade Zeit haben, ohne Wartezeit in der Praxis. Schnell rannte eine der Tierarzthelferinnen zu der bezeichneten Stelle und kam mit Polly zurück. Der Chef höchstpersönlich hatte die Katzen verwechselt und Polly zum Abholen rausgestellt. Da die Bauern ihren Kater noch nicht abgeholt hatten, war bisher niemandem aufgefallen, dass es sich um eine falsche Katze handelte.

Man kann sich meine Erleichterung vorstellen, als ich endlich meine Polly hatte. Polly war sicher auch nicht böse, dass sie nicht mehr draußen herumstand und eingesperrt war, sondern dass es nun endlich Richtung Heimat ging.

Ein paar Jahre später war der inzwischen hinzugekommene Flipper trotz aller Vorsicht ein Opfer der Bundesstraße geworden. Da ich ihn von meiner Tante hatte, ging ich zu ihr, um ihr zu sagen, dass Flipper nicht mehr lebte. Einen Nachfolger sollte er nicht bekommen.

Deshalb hatte ich auch kein Problem damit, seine noch ganz jungen Geschwister (oder Halbgeschwister) anzusehen. Alle vier waren ohnehin schon vergeben. Auch wenn ein kleiner Kater ganz begeistert von mir war und mich sofort mit Beschlag belegte. Aber er war ja schon vergeben, er sollte im Doppelpack mit einem Bruder in ein neues Zuhause ziehen. Was ihn nicht davon abhielt, mich ausgiebig zu beschmusen.

Einige Tage später rief meine Tante an. Der Mann, der die beiden kleinen Kater nehmen wollte, hatte es sich anders überlegt. Offenbar war ihm aufgegangen, dass zwei Katzen auch doppelt Dreck und Ärger machen und zweimal Geld kosten. Also wollte er nur einen, nämlich Tarzan (der zu der Zeit allerdings noch namenlos war). Ob ich nicht vielleicht doch ...

Ich ließ mich überreden, wollte aber eigentlich auch Tarzan. Meine Tante beschloss, dass ich Tarzan bekomme und dass sein Bruder an seiner Stelle zu dem neuen Besitzer ziehen sollte. Wo er laut meiner Tante, die den Mann schon lange kennt, trotz allem ein gutes Zuhause haben würde.

Kurze Zeit später hatte Tarzan eine Beule am Bauch. Offensichtlich ein Nabelbruch, aber ich wollte das lieber beim Tierarzt abklären. Im Gespräch mit meiner Tante erwähnte ich, dass in den nächsten Tagen sowieso der Tierarzt zum Stall kommt und ich dann einen Termin machen will. Meine Tante meinte „Nimm ihn doch einfach mit, dann kann er ihn am Stall untersuchen, dann musst du nicht extra fahren." Ich war platt. Ich fand die Idee zwar gut, hatte aber meine Bedenken. Er war doch noch ziemlich klein und ich wusste nicht, wie seine Mutter reagieren würde und ob sie ihn wieder zurücknehmen würde, wenn ich ihn erst mal mitgenommen hatte.

Meine Tante sah das gelassener. Sie sagte, Luise würde sich mit ihren Jungen nicht so anstellen. Ich solle ihn einfach holen, wenn es soweit wäre und anschließend wieder zurückbringen. Ich war nicht ganz überzeugt, aber meine Tante kannte Luise schließlich seit langem und hatte schon einige Würfe miterlebt. Also stimmte ich zu.

Als der Tag gekommen war, ging ich zu ihr und holte den kleinen Kater ab. Zunächst einmal ausbruchsicher in einer der Boxen (der Offenstall hatte für den Notfall Türen) verstaut, warteten wir auf den Doktor. Dieser war einverstanden, den Kater anzuschauen und meine Diagnose zu bestätigen - oder aber nicht.

Also holte ich Tarzan aus seinem Gefängnis und kassierte erst mal einen gewaltigen Anpfiff. Wie ich eine so junge Katze schon von der Mutter wegnehmen könne. Und dann auch noch alleine hier im Stall. Ich kriegte ganz schön was zu hören. Es gelang mir aber, den Tierarzt davon zu überzeugen, dass Tarzan nicht bei mir lebte, sondern dass er nur „ausgeliehen" war und erst zu mir ziehen würde, wenn er alt genug war.

Meine Diagnose wurde bestätigt, und ich bekam Anweisung, wann ich für ihn einen OP-Termin machen sollte. Und natürlich, dass ich mich sofort meldete, wenn es diesbezüglich Probleme gab.

Es gab weder mit dem Nabelbruch noch mit Luise Probleme. Die Mutterkatze nahm ihren verlorenen Sohn auf, als wäre nichts gewesen, sehr zu meiner Erleichterung.

Als er alt genug war, zog Tarzan in den Stall um und eroberte sofort die Ponys Peter und Leo als seinen Besitz und seine Spielzeuge. Wie mit dem Tierarzt abgesprochen, wurde er dann auch operiert und natürlich kastriert.

Eines Tages war Tarzan verschwunden. Ich brauchte an diesem Tag nicht zu arbeiten und hatte schon die Umgebung abgesucht. Als ich wieder zuhause ankam, sagte meine Mutter, dass der Tierarzt angerufen habe. Eine meiner Katzen sei bei ihm und ich könne sie abholen.

Also nichts wie hin zur Praxis und den kleinen Pechvogel abgeholt. Er hatte neben einer Kieferfraktur einige Prellungen und Abschürfungen, offenbar Folge einer Kollision mit einem Auto. Eine Autofahrerin hatte ihn hilflos am Straßenrand sitzend aufgelesen und in die Praxis geschafft.

Später konnte ich dann rekonstruieren, dass er mindestens zwei Stunden blutverschmiert und benommen an der vielbefahrenen Straße gesessen hatte, ehe sich jemand erbarmte und sich um ihn kümmerte.

Tarzan hatte aufgrund der Verletzungen erst mal Hausarrest. Der Kiefer war verdrahtet und das Fressen war problematisch. So kaufte ich mehrere Sorten, um eine zu finden, mit der er zurechtkam. Dass es natürlich die teuerste sein musste, war eigentlich klar. Ärgerlich, aber notwendig. Es war ja auch nur vorübergehend.

Während dieser Zeit war ein kleines Mädchen aus der Nachbarschaft zu Besuch. Sie fand die Katze zwar niedlich, wollte aber wissen warum „der so ein Gestell hat".

Ich erklärte ihr – nicht ganz wahrheitsgemäß – dass er eine Zahnspange tragen muss. Dies leuchtete dem Kind ein und wurde als Antwort akzeptiert.

Nachdem der Kiefer wieder verheilt war, zog Tarzan natürlich wieder zu seinen Ponyfreunden in den Stall.

Hausarrest hatte er immer mal wieder. Er prügelte sich des Öfteren und zog sich zum Teil nicht unerhebliche Verletzungen zu, die er dann im Haus auskurieren musste. Zu seiner eigenen Sicherheit, auch wenn er das nicht immer einsehen wollte. Überhaupt war er bei Besuchen in der Praxis in der Regel Alleinunterhalter im Wartezimmer. Aber zumindest blieb er immer friedlich und war auch nicht nachtragend. Meist hat er mir noch am selben Tag verziehen, dass ich ihn mal wieder in den Korb gesteckt und zum Doktor gefahren habe.

Wenn es gerade mit den Terminen der Ponys passte, wurden die Katzen auch im Stall untersucht, geimpft oder verarztet.

Kleine Anekdote zum Schluss.

Während der Fußball-WM in Deutschland wollte meine Mutter am Tag des Eröffnungsspiels zum Tierarzt fahren, um die vorgeschriebene Impfung für ihre Hühner abzuholen. Als ich dies mitbekam, steckte ich schnell alle Katzen in die Transportkörbe und gab sie samt Impfpässen meiner Mutter mit, da ich sowieso in den nächsten Tagen zum Impfen fahren wollte. Meine Mutter war nicht sonderlich begeistert, aber sie sah ein, dass man ja nicht unbedingt zweimal fahren muss. Und dass heute wohl nicht viel Betreib sein wird, weil gleich das Eröffnungsspiel übertragen wird. Sie wollte aber selbst fahren, da sie noch etwas fragen wollte.

Sie war erstaunlich schnell mit den geimpften Katzen zurück.

„Da war ja kein Betrieb, ich bin sofort drangekommen. Die haben wohl alle das Eröffnungsspiel geguckt."

Digger, nicht Dicker!

Margit Günster

Hallo, ich bin's, der Digger. Ich soll etwas von mir erzählen, na gut.

Was früher war, behalte ich lieber für mich. Auch wenn Margit - meine Versorgerin - das zu gerne wüsste.

Muss aber nicht sein.

Vermutlich will sie nur deshalb, dass ich selbst was schreibe, damit ich mich verplappere und sie so erfährt, was sie wissen will.

Ich bin doch nicht doof!

Irgendwann bin ich auf der Straße gelandet. Nicht, dass es mir gefallen hätte, aber ich musste damit klarkommen.

Aber es gab da immer wieder Gerüchte, dass dort, wo die vielen Pferde und Ponys leben, unsereins einen Job als Stallkatze kriegen kann und dann ausgesorgt hat.

Ich war ja nur neugierig und wollte wissen, ob es tatsächlich so etwas gibt. Also habe ich mich mal vorsichtig eingeschlichen. Eigentlich habe ich auch aufgepasst, dass man mich nicht erwischt – bei Menschen kann man ja nie wissen.

Margit ist immer sehr früh am Stall, weil sie noch vor der Arbeit hier vorbeikommt. Sie wohnt nämlich nicht hier. Und sie hat dann irgendwie bemerkt, dass ich da bin.

Also hat sie mir extra Futter hingelegt, damit ich in Ruhe fressen kann und nicht mit den anderen zanken muss. Langsam hat meine Vorsicht dann nachgelassen.

Wenn sie mich schon füttert, dann kann sie mich ja ruhig auch sehen.

So ging das eine ganze Weile. Ich wurde auch immer zutraulicher, ließ mich aber nicht anfassen.

Dann hatte ich auf einem meiner Streifzüge einen schlimmen Kampf und wurde schwer verletzt.

Wie ich von den anderen später erfuhr, ist ihr direkt aufgefallen, dass ich fehle, und sie hat sich Gedanken gemacht.

Ursprünglich wollte ich mich ja heimlich auskurieren, damit niemand was merkt, aber es ging mir immer schlechter. Nach vier Tagen habe ich mich zum Stall geschleppt und auf Margit gewartet. Sie kommt nach ihrer Arbeit ja auch noch mal her. Als sie endlich da war, wollte ich mich zu ihr schleppen. Aber als sie mich sah, ist sie sofort abgehauen. Ihr glaubt gar nicht, wie enttäuscht ich von ihr war, so hatte ich sie nicht eingeschätzt.

Und so war Margit dann auch gar nicht, denn sie kehrte ganz schnell wieder zurück, mit einer Kiste, in die sie mich gesteckt hat. Na ja, das hat mir zwar nicht gefallen, aber ich war nicht mehr in der Lage, mich dagegen zu wehren.

Hier auf dem Hof ist auch ein Tierarzt. Zu dem hat sie mich dann sofort gebracht, weil es mir so schlecht ging.

Das fand ich gar nicht so toll. Wer weiß schon, was die so alles mit einem machen. Zumal der dann auch noch sagte, dass er meinen Hals aufschneiden will. Das ist doch wahnsinnig gefährlich! Aber ich wurde gar nicht gefragt. Ich bekam einfach eine Spritze und konnte mich nun gar nicht mehr wehren, noch nicht einmal denken. Dann wurde ich ganz furchtbar müde.

Als ich wieder denken konnte, war alles etwas komisch. Das lag wohl daran, dass er wirklich an mir herumgeschnitten hat. Aber mir ging es schon besser.

Dann habe ich gemerkt, was dieser gemeine Kerl noch mit mir gemacht hat.

Später habe ich erfahren, dass man das hier mit allen Katzen macht, die hier leben wollen, damit wir nicht immer mehr werden. Sie sagen, Nachschub gibt es mehr als genug, da müssen wir den nicht noch selbst produzieren. Eigentlich ja vernünftig, aber trotzdem unverschämt und gemein.

Und hinterlistig, meinen schlimmen Zustand so auszunutzen!

Er hat mir auch noch eine Nummer in die Ohren gemacht, die er irgendwo gemeldet hat. Ich war ja sowieso gemeldet, aber ohne Nummer. Damit man mich finden kann, wenn man mich sucht. Dann hätte ich wieder zu meinen alten Menschen gemusst. Ob ich will oder nicht.

Als ob ich dort geblieben wäre.

Aber ich war ja nicht als vermisst gemeldet und wurde nicht gesucht. Also kam ich nach einiger Zeit wieder auf den Hof und bin jetzt offiziell eine Stallkatze in der Pferdepension. Die gehört auch dem Doktor, das ist also ganz praktisch.

Nachdem Margit mich gerettet hat, ließ ich mich auch anfassen und wurde so nach und nach zu einem richtigen Schmuser.

Mich hat nur gestört, dass ich keinen Namen hatte – ich war einfach nur der Graue. Dabei bin ich grau und weiß.

War aber eigentlich nicht so schlimm, denn ich hatte ja hier alles was ich brauchte und ein bequemes Leben.

Irgendwann sagte Margit dann, dass ich nun Digger heiße. Mit zwei „g", wie der Goldsucher. Weil ich doch so ein Goldstück bin. (Das sagte sie nicht, das sage ich).

Zuerst freute ich mich, dass ich nun einen Namen habe, aber nicht lange. Im hiesigen Dialekt hört das sich nämlich an wie "Dicker". Das hätte sie doch wissen müssen, denn sie spricht doch auch so. Sie kann aber auch anders, je nachdem mit wem sie spricht. Hier können nämlich nicht alle Menschen den Dialekt. Mit denen redet sie dann anders, damit die sie auch verstehen.

Aber die denken alle, dass sie mich Dicker ruft, wenn sie meinen Namen sagt. Und dann nennen die mich auch Dicker oder sogar Dickerchen.

Das ist eine Unverschämtheit!

Und Dummheit von Margit, mich so zu nennen. Dann lieber gar kein Name, schließlich wurde ich ja auch ohne Namen versorgt.

Na ja, Margit ist trotz allem nur ein Mensch, da kann man nicht allzu viel erwarten. Aber sie ist trotzdem mein Lieblingsmensch.

Momentan sind wir zu viert, aber wir waren auch schon mehr. Es gab auch immer mal wieder Menschen, die ihre Katzen hier einfach ausgesetzt haben. Manche mit ihren Babys, wie meine Freundin, manchmal sogar nur die Babys, das ist auch schon vorgekommen. Oder die Katzen waren tragend, als sie ausgesetzt wurden und haben ihre Babys hier bekommen.

Manchmal kommen auch Menschen her, die hier ihre verschwundene Katze suchen.

Manchmal wird auch mal eine von uns adoptiert. Meist die Babys.

In der Regel sucht uns niemand, und so bleiben wir dann hier. Wir sind ja gemeldet, da können unsere Menschen uns finden, wenn sie wollen. Die wollen nur nicht.

Seit einigen Jahren lebt Molly hier. Die ist aber nicht meine Freundin, im Gegenteil. Wir gehen uns aus dem Weg, hier ist ja genug Platz. Margit füttert uns auch an verschiedenen Stellen, damit wir alle in Ruhe fressen können. Wisst ihr, was mit Molly passiert ist? Ihre Menschen haben sie zum Doktor gebracht, damit der sie umbringt, weil sie nicht lieb genug ist. Könnt ihr euch das vorstellen?

Hat der Doktor aber nicht gemacht, wäre ja noch schöner. Und damit die ihr nichts antun, hat er gesagt, sie sollen sie hierlassen, sie könne hier bei uns auf dem Hof leben. Uns hat er nicht gefragt.

Der denkt wohl, bloß weil der Hof nach Menschengesetzen ihm gehört, könne er sich alles erlauben.

Uns gegenüber ist Molly wirklich ein Biest. Ich hatte schon Angst um Margit, aber bei ihr ist sie ganz lieb und beschmust sie.

Na ja, wenn es denn sein muss. Margit sorgt ja für uns alle, aber nur mir hat sie einen Namen gegeben.

Meine Freundin zum Beispiel hat leider keinen bekommen. Sie ist einfach für alle die „Herzkatze", weil sie ein Herz im Fell hat. Sie wurde vor Jahren mit ihren Babys hier ausgesetzt. Jetzt kann sie allerdings auch keine Babys mehr bekommen, wie wir alle.

Eines ihrer Babys bekam einen eigenen Menschen, das andere lebte hier bei uns, bis es leider eines Tages überfahren wurde. In der Nähe ist nämlich so eine dumme Straße, da sind schon viele Tiere gestorben, nicht nur unsereins. Aber auch schon viele von uns.

Und da gibt es häufig Unfälle, da fliegen die Autos aus der Kurve, obwohl die Kurve gar nicht so gefährlich aussieht. Ich habe zwar keine Ahnung von so was, aber Margit fährt die Strecke schon seit Jahrzehnten. Sie sagt, das ist, weil die einfach zu schnell sind. Man könne die Kurve ganz gut kriegen, wenn man nicht zu schnell rast. Ihr ist das noch nicht passiert.

Aber ich wollte von mir erzählen, soll ja kein Autobuch werden.

Hier ist viel Platz, und mit dem ganzen Heu und Stroh sind hier auch viele Verstecke. Dumm nur, dass die Menschen immer wieder alles ändern und ständig von diesen Riesenballen welche wegnehmen, weil die vielen Pferde und Ponys hier ganz viel von dem Zeug brauchen. Im Sommer kommt dann Nachschub, und schon ist wieder alles anders.

Was ich aber noch viel schlimmer finde, ist dieser blöde Traktor. Den nutzen die hier täglich.

Ich mag den nicht, der ist viel zu laut! Aber auf mich nimmt niemand Rücksicht. Die arbeiten sogar mit dem Ding, wenn Margit hier ist und uns füttert. Dann kann ich wegen dem blöden Krachmacher nicht ans Futter und muss warten, bis die den wieder ausmachen.

Eine Frechheit sondergleichen. Und bestimmt auch nicht umweltfreundlich.

Ich weiß, dass man diese Rundballen auch von Hand rollen kann. Das habe ich schon gesehen, als der Traktor kaputt war. Muss man sich nur ein bisschen anstrengen, aber es geht. Bloß aufeinander stapeln können Menschen die Ballen nicht ohne das Ding, dafür sind die dann doch zu schwer. Es wäre trotzdem möglich, den Traktor nicht so oft zu nehmen. Vieles ginge auch ohne ihn. Wäre dann nur etwas mühsamer, dafür sind Menschen zu faul.

Aber mich faul nennen, weil ich auf den Heuballen liege und das Ganze von oben überwache. Hier hat man schließlich die Übersicht, viel besser als auf dem Boden. Und die Hunde können einen nicht ärgern. Na ja, das Gekläffe ist natürlich schon nervig, wenn sie dann vor den Ballen toben, weil sie uns nicht erreichen können.

Ich halte mal lieber Abstand, sicher ist sicher.

Von den Pferden und Ponys halte ich mich auch fern. Ich laufe zwar durch deren Revier, aber ich passe immer auf. Ich bin nun mal keine Reitkatze. Außerdem sind die beiden Ponys von den Reitkatzen nicht mehr hier. Die haben Margit gehört, aber sie sind kurz bevor ich hier ankam gestorben. Beide kurz hintereinander.

Die Katzenfreunde der Ponys - sie haben bei denen im Offenstall gewohnt, und Quitschie hat sogar auf dem einen Pony geschlafen - habe ich noch kennen gelernt, aber wir waren keine Freunde. Wegen der Katzen ist Margit auch immer noch hergekommen, nachdem sie keine Ponys mehr hatte. Und nun kommt sie nur noch wegen uns Stallkatzen hierher, denn Nero und Quitschie sind auch beide nicht mehr da. Wir wissen nicht, was ihnen zugestoßen ist. Margit hat sich viel Mühe gegeben, aber leider hat sie sie nicht gefunden.

Obwohl sie keine Katze mehr will, kommt sie nach wie vor täglich und kümmert sich um uns. Nur adoptieren will sie uns nicht, noch nicht einmal mich.

Schade, ich würde gerne ganz zu ihr gehören. Aber zumindest sorgt sie für mich und besucht mich täglich. Bei ihr könnte ich ohnehin nicht wohnen, ich würde also hierbleiben, auch wenn sie mich adoptieren würde.

Sie sorgt übrigens auch für meine Freundin Herzkatze (blöder Name), Molly und Fridolin. Der ist eigentlich keiner von uns, also keine Stallkatze, sondern die Praxiskatze beim Doktor. Aber er ist oft hier bei uns auf dem Hof, und dann frisst er auch bei Margit.

Das hat er zwar nicht nötig, aber wenn Margit ihm nichts gibt, dann macht er nur Ärger, und wir können nicht in Ruhe fressen. Deshalb gibt sie ihm dann auch was ab. Er ist auch oft in meinem Bereich, wir akzeptieren uns gegenseitig. Freunde werden wir sicherlich nicht mehr werden.

Ich glaube, es war eine ganz gute Idee von mir, mich hier mal umzusehen. Damals wäre ich wohl gestorben, wenn Margit mich nicht zum Doktor gebracht hätte. Und letztes Jahr hatte ich eine schlimme Verletzung am Bein, da musste ich sogar ein paar Wochen beim Doktor in der Praxis wohnen. In einem kleinen Käfig, weil ich nicht klettern und springen durfte und auch nicht viel herumlaufen sollte. Nun ist mein Bein aber wieder heil.

Nun habt ihr einen kleinen Einblick in mein Leben als Stallkatze. Ich hoffe, es hat euch gefallen, auch wenn ihr nichts aus meinem Vorleben erfahren habt.

Ein herzliches Miau

Euer Digger (nicht Dicker!)

Killer-Cat

Margit Günster

Hallo, ich bin's, die Molly, alias KILLER-CAT. Diesen Namen haben mir ein paar Menschen verpasst. Natürlich ist das absoluter Blödsinn. Ich bin nur eben nicht die liebe Schmusekatze, die sich alle wünschen, aber mir deshalb so einen Namen zu geben ...

Ich lebe hier als Stallkatze auf einem Bauernhof, der eine Pferdepension ist. Zusammen mit anderen Katzen. Zusammen ist allerdings relativ, denn mit denen habe ich eigentlich nichts zu tun, wir akzeptieren uns und gehen uns aus dem Weg. Die haben alle das gleiche Schicksal. Ihre Menschen wollten sie nicht mehr, und nun sind sie hier und haben keinen eigenen Menschen mehr. Aber hier gibt es zwei Menschen, die uns regelmäßig versorgen, also kann man es hier aushalten.

Margit - meine Hauptversorgerin – kommt eigentlich nur noch wegen uns hierhin. Früher haben ihre Ponys hier gewohnt, nachdem sie ihren eigenen Stall nach vielen Jahren verloren haben. Da wollten irgendwann Menschen ein Baugebiet machen, da musste sie weg.

Schließlich kam sie hierher, weil sie hier ihre Katzen mitbringen konnte. Und sie konnte für die Ponys einen Auslauf mit Offenstall und geregeltem Weidegang machen, das war ihr wichtig. Den Ponys auch, wie ich gehört habe.

Die Ponys kenne ich eigentlich nicht, denn beide sind gestorben, nachdem sie sehr lange bei ihr waren. Sie hat sich dann kein Pony mehr gekauft, weil sie „endlich mal vernünftig werden" wollte. Was immer das heißen soll.

Ihre eigenen Katzen waren zu der Zeit schon lange tot. Aber sie hatte zwei von den hier ausgesetzten Katzen adoptiert. Deshalb kam sie auch noch zum Hof, nachdem ihre Ponys gestorben waren. Mich hat sie dann auch gefüttert, als ich hier ankam.

Ihre Katzen sind etwas über ein Jahr später verschwunden. Erst die Quietschie (wie kann man einer Katze nur solch einen Namen geben), ein paar Wochen später auch Nero. Margit war sehr traurig und hat sie auch gesucht. Anzeigen in der Zeitung und all das. Hat aber leider nichts genutzt, sie sind nie mehr aufgetaucht.

Ich dachte damals, das ist es dann wohl gewesen, und nun kommt sie nicht mehr. Sie sagte auch, wenn sie schlau wäre, würde sie jetzt nicht mehr kommen und ihre Zeit und ihr Geld mal selbst verbrauchen. Zum Glück war sie aber dann doch nicht schlau, sondern kommt weiterhin jeden Tag vor und nach der Arbeit zum Stall und kümmert sich um mich (und die anderen).

Ich bin übrigens keine ausgesetzte oder entlaufene Katze, bei mir war das viel schlimmer. Hier auf dem Hof hat auch ein Tierarzt seine Praxis, was eigentlich ganz praktisch ist. Zu diesem Doktor haben meine Menschen mich gebracht. Dass es nix taugt, wenn die mich in die Kiste sperren, wusste ich ja ohnehin schon. Aber beim letzten Mal war das schon irgendwie komisch. Als wir dann beim Doktor waren, also, das glaubt ihr nicht. Wisst ihr, was meine Menschen wollten? Der sollte mich umbringen, weil ich nicht lieb genug war!

Das kann man gar nicht glauben. Einfach so, weil ich nicht die Schmusekatze war, die sie wollten!

Der Doktor hat denen aber was anderes erzählt. Und er sagte, sie sollen mich einfach hierlassen. Ich könnte hier als

Stallkatze leben, da müsse ich nicht lieb sein. Er hatte wohl Angst, dass sie mich selbst umbringen oder einfach irgendwo aussetzen.

Na, wenn diese blöden Menschen sehen würden, wie ich mit Margit schmuse, die kämen aus dem Staunen nicht mehr raus. Sie zwingt mich nicht und lässt mich in Ruhe. Wenn ich schmusen will, komme ich von mir aus und sage ihr Bescheid. Und wenn ich nicht mehr will, dann lässt sie mich auch wieder in Ruhe. Sie ist nicht so doof wie meine ersten Menschen. Die glaubten doch tatsächlich, ich muss alles machen, was sie wollen und jederzeit schmuse-bereit sein. Die hatten wirklich keine Ahnung von unsereins.

Ich hoffe bloß, die haben sich nicht wieder eine Katze oder ein anderes Tier angeschafft, solchen Menschen gehört kein Tier ausgeliefert!

Ich bin nun schon einige Jahre hier. Anfangs wollte ich mit den Menschen nun wirklich nichts mehr zu tun haben, von ihnen hatte ich das Näschen voll. Ich lebe hier in der großen Scheune, wo die Reiter ihre Schränke für die Pferdesachen haben. Da kann man sich prima drauf fortbewegen, ohne einem Menschen oder einem Hund zu begegnen. Hunde sind hier nämlich auch ganz viele. Die wohnen aber nicht alle hier, die meisten kommen mit, wenn die Menschen zu ihrem Pferd kommen und fahren später auch wieder mit heim.

Neben den Schränken gibt es hier auch noch einen Zwischenboden, auf dem früher wohl mal Futter gelagert wurde. Dann wurden hier noch Räume reingebaut, die eine eigene Decke haben, weil das Dach von der Scheune superhoch ist. Für mich also genug Fläche, um mich „oben" zu bewegen, zumal ja auch noch überall Balken sind, die ich nutzen kann. Da verbrachte ich immer die Tage und kam nachts mal runter, wenn keine Menschen hier waren. Wenn hier in der Nacht

Menschen sind, das ist gar nicht gut. Sie sind in der Regel nämlich dann hier, weil ihr Pferd oder Pony krank ist.

In einer Ecke hinter Margits Schrank hat man extra ein Brett für mich angebracht, damit sie mein Futter dort aufstellen kann. Wir fressen hier alle irgendwo „oben", damit die Hunde nicht an unser Futter können. Auf diesem Brett ließ ich mich dann auch von ihr streicheln. Wenn ich wollte. Dort hat sie mir auch diese doofe Salbe ins Gesicht gemacht. Weil meine Augen doch immer mal wieder tränen. Ich war deswegen sogar beim Doktor, aber da kann man nichts machen. Von diesen Tränen hatte ich dann wunde Stellen im Gesicht.

Margit machte mir diese Salbe auf die Stellen, wenn es soweit war. Das war nicht immer, meine Augen tränen nämlich nicht immer. Aber das mit der Salbe war immer ein Kampf. Margit hat mich manchmal sogar mit Hilfe von anderen reingelegt und ausgetrickst, damit sie mich erwischte. Manchmal habe ich es auch erlaubt, denn diese wunden Stellen sind wirklich unangenehm. Aber toll gefunden haben wir beide das nicht. Jetzt machen wir das einfach jeden Tag vorbeugend auf dem kleinen Schrank. Natürlich bekomme ich auch immer eine Belohnung!

Inzwischen bin ich nämlich umgezogen. Neben Margits Schrank steht noch so ein hoher Schrank, daneben ein kleiner. Auf diesen lagen irgendwann einmal Stoffteile (Schabracken haben die Menschen die Dinger genannt), die waren ganz bequem. So habe ich dann immer öfter darauf gelegen. Der Schrank steht dort, wo die Menschen alle vorbei gehen müssen, wenn sie zum Ausgang wollen. Anfangs haben sie alle einen Bogen um mich gemacht, weil ich ja „böse" bin. Die konnten es nicht glauben, wenn sie gesehen haben, wie ich mit Margit gespielt und geschmust habe. Allerdings habe ich auch schon mal gekratzt oder gefaucht, wenn da jemand meinte, bloß weil ich da liege, kann man mich anfassen. So nicht, nicht mit mir!

Weil die Schabracken ja jemandem gehörten, hat Margit diese zurückgegeben und mir eine alte Decke hingelegt. Die war gefaltet, damit sie auch auf den Schrank passt. Das war ganz angenehm, denn die Menschen lassen oft die Türe offen. Oder die Hunde öffnen sie einfach. Und dann lag ich im Durchzug, weil auf der anderen Seite der Scheune gar keine Tür ist, nur ein riesiges, immer offenes Tor. Mit dieser gefalteten Decke kann ich mich dann so einmummeln, dass ich keine Zugluft abkriege. Nur blöde, dass dumme Menschen auf die Beule in der Decke klopften, weil sie dachten, die ist leer. Inzwischen haben sie es aber alle begriffen, dass sie das besser lassen. Dort liege ich auch nicht mehr oft. Margit hat das nämlich nicht so ganz gefallen wegen der Zugluft, deshalb wollte sie mir eine Katzenhöhle kaufen. Eine von den anderen Frauen - die schenkt mir auch schon mal Futter oder Leckerli - sagte dann plötzlich, sie will mir eine Katzenhöhle schenken, weil das ja nicht so ideal ist.

Margit hat nicht darauf bestanden, dass sie mir die kaufen will, sondern hat die andere Frau gelassen. Mir egal, ich habe jetzt eine schöne Höhle auf dem hohen Schrank stehen, in die ich mich jederzeit zurückziehen kann. Meine Decke liegt natürlich auch noch auf dem kleinen Schrank, so kann ich liegen, wo ich will.

Und Leute erschrecken. Da gibt es immer noch einige, die machen einen Bogen, wenn sie da entlang gehen. Oder erschrecken, wenn sie mich erst nicht gesehen haben.

Margit sagt, ich würde mir meinen „guten schlechten Ruf" ruinieren, weil ich mich von einigen streicheln lasse. Aber noch lange nicht von jedem, das suche ich mir schon noch selbst aus, wer mich anfasst! Wäre ja noch schöner. Aber was bitte ist ein „guter schlechter Ruf?

Hat das mit den dummen oder zum Teil auch erschreckten Gesichtern zu tun, wenn ich mich von diesem kleinen Mädchen streicheln lasse? Meine Nase sagt mir nämlich, dass sie bei einer Katze wohnt und von dieser offensichtlich gut erzogen wurde. Sie ist keine von diesen doofen Gören, die unsereins ärgern oder gar quälen, dann käme sie auch gar nicht in meine Nähe. Ganz kleine Kinder übrigens auch nicht. Die sind zwar nicht wirklich böse, aber noch zu dumm und tollpatschig, das ist auch nicht schön. Sie sind aber sowieso noch zu klein, um an mich heran zu kommen, wenn ich auf dem kleinen Schrank liege, so niedrig ist der dann doch nicht. Ist auch gut so, dann muss ich nicht so aufpassen, dass ich ihnen aus dem Weg gehe. Kratzen oder beißen möchte ich sie nämlich eigentlich nicht, denn sie können ja nichts dafür, dass sie so sind. Zumindest, solange sie noch so klein sind. Später lasse ich mir dann natürlich auch nichts gefallen, aber erst, wenn sie alt genug sind, um zu wissen, was sie tun.

Auf dem großen Schrank bin ich automatisch sicher, da kommt keiner dran. Zumindest kein Mensch und kein Hund. Und Fridolin habe ich schon beigebracht, welche Schränke mir gehören und welche er nutzen darf. Wäre ja noch schöner. Immerhin ist er noch nicht einmal einer von uns. Er ist nämlich die Praxiskatze vom Doktor, keine Stallkatze. Aber er ist oft auf dem Hof, so haben wir immer wieder mit ihm zu tun. Margit gibt ihm auch Futter, wenn er gerade mal zur Futterzeit hier ist. Also ziemlich oft. Er ist ja nicht dumm.

Hat nur lange gedauert, bis er begriffen hat, dass die Scheune mein Revier ist und er nur geduldet. Meine Schränke gehören mir, da hat er nichts zu suchen! Und in meiner Höhle schon gar nicht! Die darf nur Margit anfassen, jemand muss sie schließlich saubermachen. Nicht, dass ich sie verschmutzen würde, aber da sammelt sich ja doch der Staub, ebenso meine Haare. Da ist es ganz praktisch, dass sie die immer mal reinigt, so habe ich immer eine saubere Höhle und keine Arbeit damit.

Warum manche Menschen mich immer noch für gefährlich halten, verstehe ich eigentlich nicht. Ich habe doch auch schon früher niemandem etwas getan. Ich habe von mir aus niemals gekratzt oder gebissen, sondern mich nur verteidigt. Menschen sollten doch wissen, dass wir Lebewesen sind, keine Plüschtiere, mit denen man machen kann, was man will.

Und dass ich manches von dem ungesunden Zeugs, das einige mir immer wieder auf meine schöne Decke legen, ablehne, ist doch wohl logisch. Abgesehen davon, dass sie meine Decke verschmutzen, ist das doch ungesund für mich und schmeckt nicht. Okay, manchmal ist auch was Schmackhaftes dabei, und ich möchte die Menschen nicht immer enttäuschen.

Da kriege ich nur was zu hören, wenn Margit mich erwischt, sie findet das nicht toll. Nicht nur, weil sie die Decke waschen muss (ich habe noch eine Ersatzdecke), sondern auch, weil ich davon krank werden kann. Trockenfutter oder Knabberstangen auf der Decke sind okay, die schaden nicht und machen keinen Dreck.

Und ich bin auch nicht zu dick, muss nur ein bisschen aufpassen, dass ich nicht zu dick werde.

Warum ich immer noch „Killer-Cat" genannt werde, ist mir ein Rätsel, der Name war schon immer Blödsinn. Ich bin ganz lieb und umgänglich, wenn man mich anständig behandelt.

Ein herzliches Miau

Eure Molly (alias Killer-Cat)

Unfreiwilliger Ausflug

Corinna Jedamzik

Oscar ist ein wunderschöner Europäisch-Kurzhaarkater mit einem wundervoll weichen, braunschwarz getigerten Fell. Meine Familie und ich haben ihn aus der Katzenhilfe geholt, nachdem unser geliebter weißer Kater mit staubgrauen Flecken, genannt Merlin, überfahren worden war. Der Verlust hatte richtig weh getan. Da das Haus so leer war, hatten wir uns entschlossen, einen neuen Kater oder auch Katze bei uns einziehen zu lassen.

Gesagt, getan. In der Katzenhilfe fiel uns sofort dieser liebenswürdige Kater auf, der scheu auf dem höchsten Schrank hockte, der zu finden war. Aber mit Leckerli angelockt, stellte sich heraus, dass er hinten im Nacken einen kleinen hellen Fleck hatte. Genau an der Stelle, wo unser lieber Merlin einen hübschen staubgrauen Fleck gehabt hatte. Wir werteten das als ein Zeichen aus dem Regenbogenland und – schwupps – wechselte die Vermittlungsgebühr die Geldbörse, und Kater Oscar befand sich auf der Fahrt in sein neues Zuhause.

Zwei Tage später wussten wir, warum dieser hübsche, sanfte Kater in der Katzenhilfe abgegeben worden war. Oscar entpuppte sich als Epi-Kater. Nach einem epileptischen Anfall in der Nacht ging es am nächsten Morgen zum Tierarzt. Bis dato hatte ich nicht gewusst, dass auch Tiere epileptische Anfälle haben können. Oscar bekommt seither Medikamente und hat alle paar Wochen mal einen mehr oder weniger schweren epileptischen Anfall. Allerdings hatte sich unser Plan, dem Kater Freigang in einem riesigen Garten bieten zu können, damit zerschlagen. Aber abgeben kam für uns nicht in Frage. Oscar hatte sich in diesen beiden Tage so in unser Herz geschlichen, dass wir darüber noch nicht einmal nachdachten.

Seitdem ist er unser liebes Fellknäuel, das unheimlich gerne kuschelt und immer da ist, wenn es uns mal emotional nicht gut geht. Einmal Kuschelzeit mit Oscar, und schon ist alles wieder bestens.

Zwei Jahre später sind wir umgezogen in ein neues, etwas größeres Haus mit einem neuen, etwas kleineren Garten. Oder eher gesagt, die Relation Haus zu Garten war jetzt perfekt. Der Umzug war aufregend für Oscar. Die ersten Nächte hatte er sich im Dachgeschoss im Zimmer unserer Tochter verschanzt und rührte sich nicht vom Fleck. Alles, was er brauchte, deponierten wir erst einmal dort. So allmählich sollten die Dinge dann an ihren Platz wandern, wo sie angedacht waren. Nachdem sich dann die Hektik vom Umzug auch bei uns gelegt hatte, erkundete er nach und nach die neue, ungewohnte Umgebung.

Das war ein Fest, als er das erste Mal mit Hilfe von seinen Lieblingsleckerlis, ganz viel Geduld und vielen Streicheleinheiten den Weg zu seinem neuen Futternapf, der Wasserschale und dem endgültig im Gäste-WC platzierten Katzenklo gefunden hatte. Überall rieb er sein Köpfchen und nahm die neue Umgebung in Besitz. Besonders begeistert war er von der großen, bodentiefen Fensterfront im Wohnzimmer. Genau dort hatten wir auch den neuen Kratzbaum aufgestellt, so dass er einen wundervollen Blick nach draußen hatte. Und siehe da, die Katzen der Umgebung erwiesen sich als genauso neugierig und blickten durch die Scheiben herein. Was für eine Aufregung für Oscar, als er das erste Mal sich die Nase plattdrückte um Lilli, die weiße, schwarzgefleckte Katzendame von zwei Häusern weiter zu betrachten. Dass Lilli ihn nach eingehender Betrachtung kurz anfauchte und dann durch den Garten davon stolzierte, als wäre es ihr Territorium, störte ihn nicht weiter. Schon bald wussten wir, dass Lilli die Chefin des Reviers war. Sie patrouillierte täglich zu fast festen Zeiten durch ihr Reich, zu dem auch unser Garten und unsere Terrasse gehörten. Oscar gewöhnte sich schnell an die hübsche Besucherin. Aber auch andere kätzische Gäste gaben sich nach und nach ein Stelldichein. So viele Katzenkontakte, wenn auch nur durch die Scheibe hindurch, hatte Oscar bisher nicht gehabt.

Die ersten drei Monate verflogen sehr schnell. Ostern stand vor der Tür. Oscar hatte sich daran gewöhnt, einen tollen Ausblick zu haben und immer mal wieder Besuch am Fenster zu sehen. Manchmal, wenn die Tür zum Garten offen war, hockte er sich vor die Fliegengittertür und ließ sich den zu dieser Jahreszeit noch recht frischen Wind um die Nase wehen. Nach draußen wollte er aber nicht, auch wenn er immer mal wieder schnupperte. Wir wussten, dass es auch für ihn nicht gut wäre, wenn er draußen rumstreunen würde. Epileptische Anfälle konnten für Unwissende wie Tollwutkrämpfe aussehen.

Dafür genoss er sichtlich die Kontakte mit seinen Artgenossen, die ihn durch das Fliegengitter neugierig beschnüffelten. Lilli beendete dieses Beschnüffeln meist mit einem zurechtweisenden Fauchen und ab und an mit einem kurzen Schlag mit der Pfote auf das Fliegengitter. Als Revierchefin musste sie sich schließlich beweisen.

Aber Oscar begnügte sich mit der Beobachtung von allem, was sich im Garten tummelte. Und das war und ist auch noch eine Menge. Besonders die Vögel hatten es ihm angetan. Er liebte es, die Meisen zu beobachten, die auf der Suche nach Nistmöglichkeiten durch den Garten flogen. Oder aber den anderen Vögeln zuzuschauen, wie Amseln, Spatzen, Rotschwänzchen, Tauben, Krähen und mehr. Schmetterlinge und Bienen summten in der dichten grünen Hecke zu unserem neuen Nachbarn, wo sich die ersten zarten Blütenknospen zu öffnen begannen.

So saß er dann auch vor der Fliegengittertür an jenem Nachmittag Anfang April. Ein wunderschöner sonniger Tag, der eine frühlingshafte warme Brise mitbrachte. Der Paketbote klingelte, und ich machte die Tür auf. Ein Windstoß fegte durch das Haus, und ich hörte die Tür zum Garten zufallen.

Ich dachte mir nichts dabei. Unbesorgt ging ich meinen Arbeiten nach. Erst abends, als wir es uns auf der Couch gemütlich machten, vermisste ich unseren Oscar. Sonst kam er immer zum Abendbrot, pünktlich wie ein Uhrwerk, um einen vollen Napf einzufordern und oft auch mal ein Stückchen Schinken vom Esstisch abzugreifen. Doch an diesem Abend war Oscar nicht erschienen. Wirkliche Sorgen machte ich mir aber erst, als er nicht zum Kuscheln auf die Couch kam. Beunruhigt suchten wir im ganzen Haus nach Oscar. Jedes Lieblingsplätzchen, versteckt oder offensichtlich, wurde abgeklappert. Aber auch nach intensiver Suche blieb Oscar verschwunden.

Irgendwie musste er den Weg nach draußen gefunden haben. Eine andere Möglichkeit blieb nicht. Ich erinnerte mich an das Geräusch der zufallenden Terrassentür. Das musste der Moment gewesen sein, wo er nach draußen gelangt war. Die Fliegengittertür war so montiert, dass sie nach außen aufschwingen konnte und beim Zurückfallen mit einem Magnet gehalten wurde. Sehr wahrscheinlich hatte die Terrassentür den vor dem Fliegengitter sitzenden Kater mit Schwung gegen die Fliegengittertür befördert, so dass diese nach außen aufgegangen war. Der verdutzte Kater wird wohl einen Sprung nach draußen gemacht haben und bevor er wieder zurück ins Haus hechten konnte hatte sich die Fliegengittertür wieder geschlossen und den Rückweg versperrt.

Von alledem ahnten wir nichts. Wir wunderten uns nur, wie der Kater es nach draußen geschafft haben sollte. Besorgt machten wir uns auf und suchten mit Taschenlampen die Straßen und unser Viertel ab. Aber der Kater blieb verschollen. Nicht einmal ein zartes „Miau" verriet uns seinen Aufenthaltsort. Auch im Garten versuchte ich es mit Rufen und Leckerlis, aber keine Reaktion. Oscar blieb verschwunden. Beunruhigt gingen wir später schlafen. Die Suche mussten wir bei Tageslicht fortführen.

Am anderen Morgen telefonierte ich die üblichen Stellen ab, wie Tierärzte, Tierheim und Bauhof. Nirgendwo eine Spur vom Kater. Auch beim Bauhof waren keine überfahrenen Katzen gemeldet worden. Die Nacht war kalt gewesen, wie es durchaus im April vorkommen kann. Mit einer dicken Jacke und Leckerlis ausgerüstet, machte ich mich erneut auf die Suche nach Oscar. Ich ging durch das ganze Viertel und klingelte an vielen Türen. Doch Oscar blieb verschwunden. Nach zwei Stunden machte ich zu Hause eine Pause und wärmte mich bei einem Becher Kaffee auf.

Ich fragte mich, wohin würde ich gehen, wenn ich Oscar wäre und unfreiwillig das Haus verlassen müsste?

Mit meinem Becher in der Hand öffnete ich die Terrassentür und stellte mich auf die Terrasse. Wenn ich Oscar wäre, ich würde mich nicht weit wegbewegen. Ich hätte zu viel Angst. Also rief ich ein paar Mal seinen Namen. Und siehe da! Auf einmal bekam ich Antwort! Jetzt musste ich nur noch herausfinden, von wo das zaghafte, klägliche „Miauuuu" kam, das sich eher nach einem kleinen Baby anhörte als nach einem stattlichen Kater. Nach ein paar Minuten und etlichen „Miauuus" wurde ich dann fündig.

Das klägliche Maunzen kam aus der Hecke zu unseren Nachbarn. Ich schob ein paar Zweige zur Seite und sah ein zitterndes Bündel Kater am Boden auf der anderen Seite des

Zauns mitten in der Hecke. Große Kateraugen starrten mich erleichtert an. Sofort warf ich ihm ein paar Leckerlis hin.

Dann rief ich ganz schnell meine Tochter, die an diesem Tag noch krank zu Hause war. Schon gestern war sie nicht in der Schule gewesen. Ihr gab ich die Aufgabe, den Kater zu beruhigen. Schnell lief ich zu meinen Nachbarn und klingelte in der Hoffnung, dass jemand zu Hause sei. Was für eine Erleichterung, als die Tür aufging!

Als ich ihm schilderte, dass unser Kater bei ihm in der Hecke hockte und offenbar nicht wegkam, war er sehr verwundert, denn der Kater war ihm schon gestern aufgefallen. Da er nicht wusste, dass Oscar zu uns gehörte, hatte er gedacht, es wäre ein Streuner, denn anscheinend hatte Oscar den letzten Nachmittag seit seinem unfreiwilligen Rauswurf durch die böse Tür auf der Terrasse der Nachbarn verbracht und immer wieder hineingeschaut, ob sich die Tür nicht öffnen würde. Da die Fensterfront genau gleich aussieht, hat Oscar wohl gedacht, dass es sich um sein Zuhause handeln würde. Als er dann merkte, dass dem wohl nicht so war, versuchte Oscar durch die Hecke wieder auf die andere Seite zu kommen und steckte fest. So hat er die Nacht in der Hecke verbracht.

Ich befreite ihn rasch und trug den zitternden Kater zurück in seine gewohnte Umgebung. Dort sprang er vom Arm und rannte wie der Blitz auf sein Katzenklo, wo er erst einmal ausgiebig pieselte. Es war ihm wohl nicht in den Sinn gekommen, einfach in die Hecke zu machen.

Danach suchte er seinen Napf auf, den meine Tochter schon mit frischem Futter gefüllt hatte. Nach dem reichlichen Mahl kuschelte sich Oscar dann in das Bett meiner Tochter, wo er seinen aufregenden Ausflug für den Rest des Tages schlafend verarbeitete.

Ich muss nicht erwähnen, dass Oscar seine Kuschelattacken seit diesem unfreiwilligen Ausflug verstärkt hat. Es hat dann auch eine ganze Zeit gedauert, bis er sich wieder vor die böse Tür gesetzt hatte. Aber nach einer Weile siegte doch die Neugier, und er genießt es sich den Wind um die Nase wehen zu lassen und mit den anderen Katzen der Umgebung durch die Fliegengittertür zu kommunizieren.

Aller guten Katzen sind drei

Natascha Kempers

Die folgende Geschichte hat mich wochenlang auf Trab gehalten und ist in der Arbeit für die Katzenhilfe Bocholt keine Seltenheit. Es braucht oft eine ordentliche Anstrengung, um für ein Happy End sorgen zu können oder – noch besser – für die Startposition zu einem glücklichen Neuanfang.

Ich betreute eine Futterstelle in einem Industriegebiet, wo sich in Zukunft vieles ändern würde. Der Lebensraum dreier Katzen, die sich ständig dort aufhielten, würde leider wegfallen. Deshalb wollten wir sie dort wegholen und bauten bei uns zu Hause ein neues Gehege für die Bande. Mein Mann ließ dabei viel Schweiß und noch mehr Nerven.

Die Katzen einzufangen schien zunächst kein Problem zu sein. Baghira, die schwarze zahme Schönheit, die wir vor zwei Jahren an einer anderen Stelle bereits kastriert hatten, und die dann den Weg zu mir fand, war schnell eingetütet. Fred, der Tiger mit den weißen Stiefeln, ging uns dann einen Tag später in die Falle. Doch Finn, der kleine rote Kater, verschwand spurlos. Ihn hatte ich schon „angezähmt", und ich wusste, dass er furchtbar an den beiden anderen hing.

Nach einigen Tagen hatte ich zwar eine rote Katze in der Falle. Leider hatte sie definitiv keine Kügelchen am Popo, und wir mussten die Hochstaplerin wieder freilassen, da wir nicht wussten, ob sie vielleicht irgendwo Kitten säugte.

Wir stellten dann eine Kamera auf, um zu sehen, ob Finn eventuell nachts zum Fressen kam und wie viele seiner Kollegen sich noch hier versammelten. Das Ergebnis der Aufnahmen war beeindruckend: Mindestens sieben andere, noch nie gesichtete Katzen, drei davon mit rotem Fell. Außerdem zwei Igel, dazu mehrere Elstern, Krähen und Möwen.

Man konnte nichts tun als warten. Zwischenzeitlich gab ich die Hoffnung, ihn jemals wieder zu sehen, auf. Einige Wochen später, als ich gerade die Futterstelle neu befüllte, stand Finn plötzlich weinend hinter mir. Ich hatte gerade natürlich weder Falle noch Box parat. Ich fuhr heim und kam mit allem ausgerüstet zurück. Der Kater war noch dort.

Er ging zwar in die Falle hinein, war aber äußerst geschickt, die Wippe dabei nicht zu berühren. Die Tür fiel also nicht zu, so klappte das nicht. Ich sprach mit Finn, erzählte ihm von den beiden anderen Katzen und legte ihm nahe, doch einfach in mein Auto zu springen, damit ich ihn zu seinen Freunden bringen konnte. Und so, als hätte er jedes Wort verstanden, kriegte ich ihn! In unserem Auto!

In solchen Situationen bin ich froh, unsere Heike zu haben (eigentlich bin ich jede Sekunde froh darüber, dass sie an meiner Seite ist). Wir bastelten die Falle an ein Autofenster, und irgendwann war Finn endlich drin und gesichert, und ich konnte ihn mit nach Hause nehmen.

Nun ist er wieder mit seinen Freunden vereint, ist zwischenzeitlich zahm und super schmusig geworden, und alle drei haben sich mit Klärchen, meiner Stummelschwanzfee, angefreundet. Auch mit meiner wilden Tigerin Hanni, die schon länger im alten Gehege wohnt, vertragen sie sich. Ich freue mich jeden Tag darüber, wie glücklich die Katzen sich zeigen und wie gut sie sich verstehen.

Meine Futterstelle dort im Industriegebiet werde ich weiterhin führen können für jene Katzen, die nur zum Fressen kommen. Ich behalte sie im Auge, die nächste Kastrations-Aktion ist schon geplant. Damit die Zahl der Heimatlosen nicht weiter wächst.

Shakira

Björn Lampmann

 *Ihr kennt mich – ich bin natürlich ein großer, aber beileibe nicht der einzige Abenteurer, der gern in der Nachbarschaft herumspaziert. Unsere Neugier ist sogar sprichwörtlich … einem leckeren Duft oder einem offenen Fenster können wir kaum widerstehen, und eine offene Tür ist ja geradezu eine Einladung.*

Ich wohne im schönen Bayern, meine Wohnung liegt parterre, und ich nutze meine Terrasse gewissermaßen als Freiluftzimmer. Von dort aus habe ich einen wunderbaren Blick auf die Berge. An einem sonnigen, lauschigen Sommertag vergangenen Jahres entspannte ich dort im Liegestuhl bei einem kühlen Getränk. Plötzlich bemerkte ich aus dem Augenwinkel eine Bewegung. Mit etwas tippeligen, unsicheren Schritten kam ein kleines weißes Kätzchen aus meiner Wohnung. Ja, ihr habt richtig gelesen - aus meiner Wohnung heraus, nicht in meine Wohnung rein. Wie war das möglich? Stand irgendwo ein Fenster offen? Aber das war ja nun gleich. Ich freute mich über den niedlichen Gast.

Fast täglich besuchte mich nun Shakira. Obwohl sie mit der rassigen kolumbianischen Sängerin keine Gemeinsamkeiten verband, entschied ich mich spontan für den Namen.

So vergingen die Wochen, und an einem verregneten, saukalten Sommertag kam Shakira in Begleitung eines gescheckten Katers, zumindest dachte ich, dass es sich um einen Kater handelte. Der war überhaupt nicht schüchtern und marschierte wie selbstverständlich tropfnass in die Wohnung. Jedoch wollte ich keine „Katzenpension Björn" aufmachen und komplimentierte ihn schleunigst hinaus. Wenige Augenblicke später sah sich der Kater wieder auf der Terrasse.

Ich machte es mir drin gemütlich und lüftete das Schlafzimmer. Kurze Zeit später sah ich raus auf die Terrasse, der Kater war verschwunden. Shakira bekam wie gewohnt ihr Schälchen mit Katzenmilch.

Als ich erneut ins Schlafzimmer ging, lag der Kater, wir wollen ihn Max nennen, brettlbreit und pitschnass auf meinem Boxspringbett. Er fühlte sich sichtlich wohl auf der Decke und machte keinerlei Anstalten, seinen Platz zu verlassen. Kurz überlegte ich, ob ich ihn gleich rausschmeißen sollte, hatte jedoch Mitleid mit ihm, denn bei solch einem Wetter möchte niemand draußen sein. Als hätte Max meine Gedanken erraten, wartete er eine ausreichend lange Pause zwischen den Regenschauern ab und ging dann würdevoll nach draußen. Einen weiteren Versuch, sich bei mir einzuschleichen, hielt er wohl nicht für lohnenswert, denn er ward nie wieder gesehen.

Shakira, inzwischen eine ausgewachsene Katze, besucht mich täglich und bekommt natürlich ihre "extra Portion Milch". Sie ist wunderschön, eine elegante Erscheinung, und sie genießt Streicheleinheiten. Irgendwo in der Nähe muss sie ein Zuhause haben, denn ihr schneeweißes Fell ist immer sauber und gepflegt. Doch ihr steht wohl nicht der Sinn nach zu viel Häuslichkeit.

Womit Shakira sich ebenfalls sichtlich schwer tut, ist der Vogelfang. Ich habe sie beobachtet: Anschleichen, Deckung suchen, das hat sie echt gut drauf. Scheinbar ist sie aber farbenblind und hat noch nicht bemerkt, dass sie im Sommer schon weithin sichtbar ist. Aber – Vögel, ihr könnt beruhigt sein – das bleibt mein Geheimnis!

Chronologie der Unflexibilität

Verena Meinhold

Ähnlich wie bei betagteren Menschen muss für unsere beiden Kater, Mika und Kami, alles zu seiner Zeit eine feste und klare Struktur haben.

Damit keine Missverständnisse aufkommen: Mika und Kami sind zu diesem Zeitpunkt gerade einmal zwei Jahre alt und man würde in diesem Alter ein gewisses Maß an Flexibilität erwarten.

Aber mitnichten. Folgender Tagesablauf muss akribisch und auf die Minute laufen, ansonsten werden die Kater unleidlich:

So weit, so gut...

An dieser Stelle möchte ich nicht versäumen, den Tagesablauf im Wochenende vorzustellen:

05.00 Uhr: Die Kater versammeln sich vor der Schlafzimmertür; dasselbe Ritual wie wochentags.

05.30 Uhr: Nichts geschieht, da wir den Wecker ausgestellt haben (den wir eigentlich nicht mehr bräuchten, Mika erledigt das ja).

05.45 Uhr: Erste Unmutsbekundungen vor der Schlafzimmertür. Mika ist zunächst gnädig gestimmt und beginnt mit seinem glockenhellen Miauen, begleitet vom einem nörgelnden Kami, dem das Ganze nicht zügig genug geht. Wir sind mittlerweile hellwach, wollen aber beide nicht aufstehen. Nach dem Motto: Wer zuerst zuckt, muss aufstehen, warten wir die verhängnisvolle Prozesskette ab, die just folgt:

06.00 Uhr: Die Kater sind empört. Mika springt im Sekundentakt an die Türklinke, die er nicht runtergedrückt bekommt, was ihn noch mehr frustriert. Das glockenhelle Miauen ist längst dem dunklen, kehligen Miauen gewichen. Ich werde mal meinen Nachbarn fragen, ob er das auch hören kann, denn die Lautstärke kommt einem Jumbojet gleich.

06.15 Uhr: Immer noch verharren wir im Bett und lassen uns gängeln. Keiner will der Erste sein, der aufsteht. Meist gewinne ich das Spiel, und mein Mann steht genervt auf und wird draußen von glockenhellem Miauen Mikas begrüßt.

06.30 Uhr: Mein Mann liegt wieder im Bett, und wir genießen die himmlische Ruhe.

08.30 Uhr: Mika findet, dass er nicht genügend unterhalten wird und wiederholt das Ritual von 06.00 Uhr. Dies dauert allerdings maximal zehn Minuten. Wir gewinnen das Spiel „wer-gibt-zuerst-nach" zu dieser Stunde meist. Allerdings sind wir jetzt wach. Mein Mann steht auf und beugt sich Mikas Willen.

09.30 Uhr: Kami versteht absolut nicht, warum ICH immer noch schlafe. Er „knödelt" vor der Tür rum und wiederholt die Nörgelei im 5-Minuten-Takt.

09.45 Uhr: Nach der dritten Nörgelrunde stehe ich meist auf und werde laut schnurrend von Kami an der Schlafzimmertür begrüßt. Als Wiedergutmachung muss ich ihn nun solange kraulen und schmusen, bis er endlich genug hat und geht. Das kann eine halbe Stunde dauern. Eine volle Blase oder andere wichtige Toilettengänge müssen warten – ich hätte ja früher aufstehen können.

10.15 Uhr: Rausgehzeit! Ist das Wetter katertechnisch untauglich, müssen wir ein Alternativprogramm bereitstellen. Meist werden Bällchen, Ästchen und Leckerlies geschmissen und manchmal auch apportiert (nicht die Leckerlies).

11.00 Uhr: Wir müssen uns jetzt leise verhalten, denn die Kater möchten schlafen. Am besten verlassen wir das Haus und gehen einkaufen oder ähnliches. Der Staubsauger oder andere Lärmquellen sind tunlichst zu vermeiden!

16.00 Uhr: Punktgenau werden wir durch Miauen an die zweite Mahlzeit erinnert. Zum Teil begleitet von vorwurfsvollen Blicken, da wir ja zuhause sind und in der Lage sein sollten, die Uhr zu lesen.

16.30 Uhr: Rausgehzeit! Das kann bis zu zwei, drei Stunden dauern.

19.00 Uhr: Da die Kater offensichtlich Samstage erkennen können, erwarten sie jetzt Party und Gäste. Falls dies ausbleibt: TV- und Schmusezeit!

22.00 Uhr: Wieder werden wir genervt an die letzte Mahlzeit des Tages erinnert. Egal, ob Party ist oder nicht. Unsere Gäste finden das amüsant.

23.00 Uhr: Die Kater sind müde und wollen schlafen. Alternativ werden die Gäste beschmust und sanft aber bestimmt aufgefordert, doch jetzt zu gehen.

Nach 00.00 Uhr: Da unsere Partys im Partykeller stattfinden, liegen die Kater meist auf ihren Schlafplätzen oben im Wohnzimmer. Wir werden komplett ignoriert, wenn wir schlafen gehen. Das haben wir nun davon, da wir es gewagt haben, die tägliche Routine zu durchbrechen.

Nachtrag: Mika und Kami sind mittlerweile sechs Jahre alt und dürfen selbstverständlich ins Schlafzimmer. Zudem haben wir nun regelmäßig Homeoffice und stehen den Katern somit rund um die Uhr zur Verfügung...

Die Unberechenbarkeit von Katern

Verena Meinhold

So sehr Katzen Veränderungen ablehnen und eine klare Tagesstruktur, zum Teil minutengenau, bevorzugen, so unberechenbar sind sie, wenn es um Termineinhaltungen unsererseits geht. Wahrscheinlich kollidieren da die Tagesabläufe der verschiedenen Spezies miteinander.

Die Kunst ist es, beides in Einklang zu bringen. So würde wahrscheinlich ein Katzenratgeber lauten: „Wie Sie Ihre Termine mit denen Ihrer Katzen synchronisieren können" – beim näheren Hinsehen klingt das aber mehr nach einem Management-Ratgeber für aufstrebende Führungskräfte.

Das nachfolgende Beispiel mit meinen beiden Katern Mika und Kami zeigt anschaulich, dass Organisationsvermögen, Zeitmanagement und Geduld in einem Katzenhaushalt durchaus vorhanden sein sollten. Wer also mit Katzen zusammen lebt und dies wunderbar meistert, kann auch problemlos ein Unternehmen leiten.

So die Theorie …

Hier die Praxis:

Gestern Morgen hatte ich um 08.00 Uhr einen sehr wichtigen Termin. Mein Mann war schon weg, und ich musste die Kater aus dem Freilaufgehege ins Hausinnere holen, um das Fenster im Keller zu schließen.

Routinemäßig „bewaffnete" ich mich mit der metallenen Leckerlies-Dose, die übrigens wie eine Maschinengewehrsalve klingt, wenn man sie schüttelt.

Aus dem Gedächtnisprotokoll:

07.15 Uhr: Kami flitzt sofort ins Haus, als er die Leckerlies hört, die gegen das Doseninnere scheppern. Das war zu erwarten.

Mika natürlich nicht. Er bleibt draußen hocken. Naiv wie ich bin, habe ich einen Zeitpuffer von fünf Minuten einkalkuliert.

07.20 Uhr: Meine Nerven liegen blank. Mika kommt nicht rein. Ich brülle herum, dass ich keine Zeit mehr habe.

Kami hat alle Leckerlies aufgefressen und langweilt sich. Er beschließt wieder ins Freilaufgehege zu gehen. Großes Wutgeheul meinerseits folgt.

07.22 Uhr: Hochgradig genervt gehe ich ins Freilaufgehege und scheuche die beiden Brüder Richtung Fenster. Kami flieht erwartungsgemäß sofort ins Haus. Mika indes findet das Ganze wahnsinnig witzig. Mit einer Pfote ist er schon im Haus. Dann guckt er mich keck an und galoppiert wieder fröhlich ins Freilaufgehege. Angesteckt von Mikas vermeintlich lustigem Spiel hüpft auch Kami wieder nach draußen. Ich brülle nur noch herum und ernte irritierte Blicke von den Katern und vorbeilaufenden Nachbarn.

07.25 Uhr: Wut macht erfinderisch!

Ich beschließe die Tür aufzumachen, die unter die Kellertreppe führt. Dieser Bereich ist für die Kater tabu, was Mika total nervt. Und da die Tür so schön knarzt, kommt Mika auch sofort angeflogen! Ha!

Nur Kami folgt nicht. Die Zeit rinnt davon. Auch Leckerlies helfen nicht. Ich werde immer nervöser und wütender und schreie den verdutzten Kami an, dass er seinen dicken, pelzigen Hintern ins Haus schwingen soll!!!

07.28 Uhr: *Fast* kann ich Kami berühren, der mich die ganze Zeit anglotzt. Meine Stimme klingt mittlerweile hysterisch. Nur noch wenige Zentimeter trennen meine Finger von seinem Fell.

Mika langweilt sich indes und läuft seitlich an mir vorbei ins Freilaufgehege, just in dem Moment, wo ich den Dicken (Kami) zu greifen bekomme!!!

07.30 Uhr: Ich kapituliere! Die Kater haben gewonnen - wieder einmal!

Ich stürze mich voller Adrenalin in den Berufsverkehr und versuche gedanklich eine gute Ausrede für meine Verspätung zu formulieren.

08.15 Uhr: Ich schreibe meinem Nachbarn eine verzweifelte Nachricht, dass er bitte unser Kellerfenster schließen soll – egal, ob diese ***** Katzen draußen sind, oder nicht.

09.00 Uhr: Ich erhalte eine fröhliche Rückantwort von meinem Nachbarn: „Alles klar - erledigt! Die Kater waren draußen, aber Dreamies helfen immer!"

09.01 Uhr: Mein Wutgeheul stört die übrigen Seminarteilnehmer. Ich ernte missbilligende Blicke.

16.35 Uhr: Meine Wut hält halt nicht lange ... Ich stehe im Zoofachhandel und kaufe für die Kater geschmackvolles Futter zu einem geschmackvollen Preis...

PS: Memo an mich: Das nächste Mal Dreamies besorgen!

Wenn du dich beeilst, tue es langsam!

Verena Meinhold

Mika und Kami … zwei schwarze Katerbrüder - unser Ein und Alles!

Mein Mann und ich sind der festen Überzeugung, dass die beiden genau wissen, dass sich Vieles in unserem Leben um sie dreht. Reisen zum Beispiel: Mehr als sieben Tage am Stück sind nicht möglich. Das halte ich nicht aus, meine Sehnsucht wird dann zu groß. Dabei werden sie in unserer Abwesenheit bestens versorgt von unserem Nachbarn, den wir liebevoll den „Dreamies-Onkel" nennen, da er immer ein paar Leckerlies für die beiden Kater in der Hosentasche hat.

Und wieder stand ein Kurztrip über das Wochenende an:

Es war unglaublich hektisch und noch viel zu erledigen an diesem Freitagvormittag. Wir mussten zusehen, vor dem Berufsverkehr mit dem Auto durch Frankfurt durch zu sein. Die mitzunehmenden Kleidungsstücke wurden achtlos von den Bügeln gezogen und auf das Bett geworfen. Zum Sortieren war keine Zeit.

Die beiden Brüder Mika und Kami bemerkten die Hektik, und die geöffneten Koffer ließen sie ahnen, dass sie in den nächsten Tagen wieder von ihrem geliebten „Dreamies-Onkel" versorgt werden.

Mit einer Viertelstunde Verspätung gaben wir dem Dreamies-Onkel letzte Instruktionen und fuhren los. Eine Verabschiedung mit den Katern gab es nicht, weil uns das alles sonst zu sehr schmerzte und wir auch in schlauen Katzenratgebern gelesen hatten, Abschiedsszenen zu vermeiden.

Nach knapp drei Tagen kamen wir wieder zurück, und der Dreamies-Onkel eröffnete uns folgende Geschichte:

„Kurz nach eurer Wegfahrt war Kami verschwunden. Erst dachte ich mir nichts dabei - er wird wohl irgendwo im Freilaufgehege sein, dachte ich, und der Hunger wird ihn an die Näpfe in der Küche treiben. Aber nichts geschah - auch Leckerlies halfen nicht - Kami blieb verschwunden. Ich hatte schon die Befürchtung, dass er nach draußen entwischt sein könnte, aber das passte so gar nicht zu Kami. Abends machte ich mir dann wirklich Sorgen und suchte das Freilaufgehege mit einer Taschenlampe ab, aber ohne Erfolg. Nervös ging ich schlafen und fand keine ruhige Minute in der Nacht.

Am nächsten Morgen füllte ich die Näpfe und schaute besorgt auf Mika. Auch er schien unruhig, da er mich immer wieder ansah und miaute. Ich bückte mich zu ihm runter, kraulte sein Öhrchen und murmelte „Wo ist nur dein Bruder?" Mika miaute fordernd, lief los, drehte sich um und blieb stehen, damit ich ihm folge.

Aus einer Eingebung heraus folgte ich dem miauenden schwarzen Fellbündel, das schnurstracks die Treppe hochlief und ins Schlafzimmer abbog. Vor dem großen Kleiderschrank mit den schweren Schiebetüren blieb er stehen, miaute und schnupperte vor dem Kleiderschrank herum. Wieder einer Eingebung folgend rief ich „Kami?". Ein leises Miauen aus dem Inneren des Schrankes veranlasste mich, sofort die Schiebetür zu öffnen. Zwei große Augen schauten mich an, und ein verunsicherter Kater sprang heraus. Schnell vertilgte er eine ganze Dose Katzenfutter - das Kerlchen hatte nach 24 Stunden Zwangsfasten wirklich Hunger! Mann, war ich erleichtert! Ich war kurz davor, euch im Urlaub anzurufen ..."

Uns blieb nach der Geschichte das Herz fast stehen. Unser armes Bärchen hatte einen ganzen Tag im Kleiderschrank verbracht - im Dunkeln, alleine, ohne Futter! Ein fieses Gefühl in der Magengrube breitete sich aus ... Schuld!

Es war nur dem schlauen Mika und dem klugen Dreamies-Onkel zu verdanken, dass Kami nicht länger im Schrank verharren musste.

Der Dreamies-Onkel erhielt einen selbstgebackenen Kuchen, Kami und Mika haufenweise Käserollies, Leberwurst und Streicheleinheiten, und wir beschlossen, uns künftig immer von den beiden zu verabschieden.

Wir haben auch kurz überlegt, Mika in „Lassie" umzutaufen, die Idee aber wieder verworfen...

Lektion für die Zukunft: Beeile dich *langsam*!

Die Brombeerernte

Marita Pollex

Wenn die ersten wärmenden Strahlen der Frühlingssonne locken, freuen wir uns alle auf die Eröffnung der Frischluft-Saison auf unserer Terrasse.

Wir, das sind mein Mann und ich und unsere sechsköpfige Katzenbande. Max, Micky, Gipsy, Mohrle, Oskar und Tina sind glücklich, wenn sie sich wieder den Wind um die Näschen wehen lassen können.

Unsere Altbauwohnung ist für Mensch und Tier zwar großzügig bemessen, aber die sechzig Quadratmeter Terrassengarten sind eine echte Bereicherung. Hier bietet sich weiterer Platz zum Spielen, Toben und Schlafen.

Ich kümmere mich um Blumen und Pflanzen und bin glücklich über jede grüne Spitze, die sich nach der Winterruhe blicken lässt. Das Katzenrudel inspiziert die Beete und Sträucher und hilft tüchtig beim Umgraben und Einpflanzen.

Zunächst sind die Meisen und Amseln, die den ganzen Winter gefüttert werden, noch etwas unvorsichtig. Das ist für die Katzen ein großer Spaß. Als lebendige Vogelscheuche passe ich immer gut auf, dass die gefiederten Freunde unversehrt davonfliegen können. Die frechen Meisen setzen sich dann gerne in die Bäume und beschimpfen die Katzen aus sicherer Entfernung.

Zu den Sträuchern auf der Terrasse gehört ein großer Brombeerbusch. Wir haben uns für eine dornenlose Variante entschieden, damit es keine Kratzer beim Ernten gibt. Die Katzen lieben ihn sehr, weil sie sich unter dem dichten Blattwerk super verstecken können.

Es sieht ausgesprochen malerisch aus, wenn der Brombeer-busch weiße Blüten trägt und zwischen den Blättern ein Kätz-chen hervorlugt.

Die ersten Brombeeren können wir meistens Anfang Juli ernten. Mein Mann liebt es, sie vom Busch zu pflücken und direkt zu verspeisen. Wenn die Sonne es gut meint, werden schon mal genug Früchte reif, dass wir sie in einem Dessert verarbeiten können.

Ab und zu fallen reife Beeren herunter. Gut versteckt lie-gen sie unter den dichten Blättern. Mit schöner Regelmäßig-keit findet eine Katze eine Brombeere ... oder eine Brombeere findet eine Katze. Das weiß ich nicht so genau.

Dann passiert Folgendes: Das Katzentier klebt sich die dunkelblaue Frucht unter ein Puschelpfötchen und läuft da-mit in die Küche. Mit diesem natürlichen Stempel werden die hellgrauen Fliesen verziert.

Die Stempelfarbe reicht locker auch noch für Flur und Wohnzimmer.

Ein schönes Bild, wenn akkurat gesetzte Pfotenabdrücke in kräftigem Blau-Lila den Fußboden verzieren.

Ich lache über diesen Anblick, auch wenn ich den kleinen Künstler in diesem Moment gerne erwürgen würde.

Zügig fange ich den Übeltäter ein, ehe Polstermöbel und Betten mit lila Pfotenabdrücken geadelt werden.

Unter lautstarkem Protest des kleinen Malers klaue ich die Brombeere und wasche die Samtpfote mit warmer Seifenlauge, natürlich nur die Pfote und nicht die ganze Katze.

Bei unserem schneeweißen Max gibt die Brombeerfarbe noch über Tage einen netten Kontrast zum übrigen Fell. Die dunklen Katzen sind da pflegeleichter.

Wenn die Katze sauber ist, mache ich mich mit Schmierseife an die Arbeit und zerstöre das Katzen-Kunstwerk. Eigentlich schade. Aber so lange Brombeeren reifen, werde ich bestimmt mit neuen Stempelbildern verwöhnt.

Trotz oder gerade wegen dieser künstlerischen Einlagen ist die Zeit der Brombeerernte eine absolut unterhaltende Zeit.

Einladung zum Dinner

Marita Pollex

Seit mehreren Jahren leben wir mit unserem Katzenrudel in trauter Gemeinschaft. Bevor damals das erste Katzentier bei uns einzog, stellte mein Mann als einzige Bedingung, dass während unserer Urlaube die Versorgung der Miezen mit allem Nötigen gesichert sein musste. Wenn wir nicht zuhause waren, kümmerten sich katzenkundige Freunde und Familienmitglieder im Wechsel um unsere Vierbeiner.

Eines Morgens hörte ich bei unserem Regionalsender, dass in Duisburg ein Catsitter-Club gegründet werden sollte. Ich rief noch am selben Tag die angegebene Telefonnummer an und freute mich darauf, andere Katzenliebhaber kennenzulernen. Vier Wochen später fand das erste Treffen statt. Das waren immer unterhaltsame Stunden im Kreise Gleichgesinnter.

Bald kam ein junges Ehepaar dazu, das in unsere Nachbarschaft gezogen war. Die Familie und Freunde wohnten alle zu weit entfernt, um den Kater der beiden zu versorgen. Unsere Wohnung lag ganz in der Nähe, und wir boten gerne unsere Unterstützung an.

Carlo war ein drei Jahre alter Norwegischer Waldkater, braun gestromt, mit schönen orangefarbenen Augen. Schon beim ersten Kennenlernen präsentierte er sich selbstbewusst und zutraulich. Er schnurrte sich direkt in unsere Herzen.

Viele Jahre hatten wir das Vergnügen, Carlo während der Urlaubszeit zu betreuen.

Dann war es mal wieder soweit, Ineke und Mirco fuhren für mehrere Wochen nach Südamerika. Vor ihrer Abreise trafen wir uns, um über Carlos Gesundheit, eventuelle neue Angewohnheiten und die Futterzusammenstellung zu sprechen.

Die beiden klagten darüber, dass Carlo, der keinesfalls mollig war, in letzter Zeit unverhältnismäßig viel Futter benötigte. Ständig waren alle Näpfe leer. Sie waren besorgt, dass der Kater eventuell unter einer Stoffwechselstörung leiden könnte. Nach dem Urlaub wollten sie das unbedingt beim Tierarzt abklären lassen.

Wir versprachen, uns gut um ihren Liebling zu kümmern. Da Carlo ansonsten fit und unternehmungslustig war, konnte das Problem bis zu ihrer Rückkehr vertagt werden.

Der Tag der Abreise kam, und Carlo war für die nächsten vier Wochen unser Pflegekater, der selbstverständlich in seinem Zuhause blieb. Morgens und abends versorgten wir ihn und nahmen uns viel Zeit zum Schmusen.

Seine Menschen hatten nicht übertrieben. Der Kater zeigte einen ausgesprochen guten Appetit. Staunend sah ich, dass die Näpfe mit Nass- und Trockenfutter ständig leergeputzt waren.

Eines Morgens kam ich ins Haus und hörte eiliges Pfotengetrappel auf dem Parkett. Es schepperte und rumste, als ob jemand in Panik davonstürmen würde und manche Kurve nicht richtig gekriegt hätte. Ich wunderte mich, was den Kater so erschreckt haben könnte. Aber als ich in die Küche kam, saß dort ein völlig entspannter Carlo, der mich fröhlich maunzend begrüßte.

„Hallo Carlo", sprach ich ihn an. „Na, wen hattest du denn zu Besuch?" Als wahrer Gentleman hat er es natürlich nicht verraten.

Ich sah im Keller und den übrigen Räumen nach, ob sich irgendwo ein Tier verstecken würde. Aber es war keins da, glücklicherweise auch keine Ratte.

In den nächsten Wochen legte ich mich auf die Lauer und fand heraus, dass Carlo, großzügig wie er war, die Nachbarskatzen bewirtete. Wer den Weg durch die Katzenklappe fand, durfte in der Küche ungestört Carlos Futter verspeisen. Manchmal war es eine weiße Langhaarkatze, mal eine schwarze oder eine getigerte. Ab und zu saß der Hausherr gemütlich daneben und beobachtete wohlwollend seinen Besuch, ganz der charmante Gastgeber.

Als Ineke und Mirco aus dem Urlaub zurückkamen, konnte ich sie darüber aufklären, warum ihr Haustiger so viel Futter verbrauchte. Die beiden staunten nicht schlecht.

Diese Einladungen zum Dinner hatten wohl immer nur während ihrer Arbeitszeit stattgefunden. Abhilfe schuf nun eine Katzenklappe, die über Carlos Chip gesteuert wurde. Fremdlinge hatten keinen Zutritt mehr, und die Katzenbesuche im Haus hörten auf.

Von da an traf Carlo, der Partylöwe, sich mit seinen Katzenfreunden nur noch im Garten – leider ohne Bewirtung.

Ein bisschen fühlte ich mich wie ein Spielverderber, weil ich ihn verpetzt hatte.

Weihnachten mit Adonis

Ingrid Reidel

Dieses Weihnachten würde ganz bestimmt schrecklich werden, das befürchtete ich, und ich hatte allen Grund dazu, das anzunehmen. Peter, mein Mann, war vor einem Monat gestorben, und die ganze Familie stand noch unter Schock. „Meine Güte", hörte ich die Nachbarschaft noch sagen. „Ein Mann, so jung. Ach, es tut uns so leid."

Aber gegen Bauchspeicheldrüsenkrebs war leider noch kein Kraut gewachsen.

Jetzt musste ich meinen Sohn als alleinerziehende Mutter großziehen. Ich wusste jetzt schon, was das bedeutete. Der letzte Monat allein war schon dramatisch genug gewesen. Das einzig Tröstende war Großmutter. Sie brachte uns immer ihre selbstgemachten Pralinen mit und ihren fürsorglichen Trost.

Und vielleicht noch Adonis. Unser Kätzchen, welches wir noch, kurz bevor Klaus starb, angeschafft hatten, weil er so ein Katzennarr gewesen war und wir geglaubt hatten, er würde dadurch die Energie bekommen, die Krankheit überwinden zu können. Aber sie war einfach schon zu weit fortgeschritten. „Ach", hatte er auf dem Krankenbett zu mir gesagt. „Ich hatte mir immer eine Katze gewünscht, aber nie eine bekommen."

Adonis war schwarz, mit leuchtend grünen Augen. Mein Mann hatte mit zittriger Stimme den Kater so genannt, weil er angeblich für sein junges Alter schon ganz schön kräftige Muskeln hatte. Und das stimmte. Und die setzte er ein, unser Adonis. Wir hatten es von Anfang an gleich so gehandhabt, dass wir dem Kater Freigang gewährten. Wir wollten das Tierchen nicht einsperren, es war natürlich ein gewisses Risiko, aber ich hoffte so stark, dass es wiederkommen würde, und es klappte immer. Und dass Adonis jederzeit zu uns hereinkommen konnte, dafür hatten wir die Katzenklappe in die Haustür einbauen lassen.

Adonis hatte unsere Fürsorge gleich mit der ersten kleinen Maus gedankt, er war von Anfang an ein guter Jäger gewesen. Er legte seine Beute meistens auf der Fußablage zwischen Flur und Wohnzimmer ab. Dann wollte er gelobt werden.

„Ach je, er hat uns schon wieder eine Maus gebracht", sagte ich manchmal etwas genervt zu Peter, noch völlig erschöpft von der letzten angespannten Zeit. Denn plötzlich war es auch Mutter nicht mehr gut gegangen. Sie hatte Herzkreislaufbeschwerden. Gut, mit fünfundsiebzig war das etwas, womit man rechnen musste. Umso mehr setzte ich alles dran, dass Mutter Heiligabend zu uns kommen konnte.

Und so war es dann auch. Ich hatte ein Taxi bestellt, und sie brauchte nur die wenigen Stufen zu uns hochzukommen. Es klappte.

Wir hatten einen wunderschönen Weihnachtsbaum. Dieser wurde, seit wir ihn aufgestellt und geschmückt hatten, ständig von Adonis bewacht. Wir hatten fast das Gefühl, dass er den Baum als sein Eigentum betrachtete. Ich sehe jetzt noch das Bild vor mir: Das in meinen Augen noch relativ junge Kätzchen neben dem riesigen Weihnachtsbaum.

Adonis war um ihn herumgesaust, hatte versucht, nach den Weihnachtskugeln zu fassen, sodass wir sie alle etwas höher hängen mussten. Kam ein neues Geschenk dazu, so wurde das sofort mit den Pfoten untersucht. Das Rascheln des Geschenkpapiers schien Adonis genauso zu begeistern wie der

Weihnachtsbaum selbst. Unser Kater war außer Rand und Band.

Genauso, als ich die Eisenbahn für Peter einpackte und unter den Baum legte. Klaus hatte sie noch vor seinem Tod für Peter ausgesucht. „Bitte richte unserem Sohn frohe Weihnachten aus", hatte er mir aufgetragen. Dann hatte ich alle Hände voll zu tun, schließlich musste ich ja ab jetzt alles alleine machen.

Ich wickelte immer die Geschenke direkt am Weihnachtsbaum ein und hatte für reichlich Material gesorgt, aber für die Eisenbahn hatte ich so viel Papier gar nicht gebraucht. Es lag noch unter dem Baum herum, als Mutter klingelte. Im Hintergrund hörte ich, wie Adonis mit dem übrig gebliebenen Geschenkpapier spielte.

Mutter steuerte sofort den Baum an, um ihre Geschenke zu den anderen darunterzulegen.

Nachdem sie sich wieder erhoben hatte, setzten wir uns alle zusammen zum Nachmittagstee an den Esstisch. Danach würden wir in die Kirche zum Krippenspiel gehen. Anschließend nach Hause, essen – das Übliche, wie immer, Wienerle und Kartoffelsalat – und dann zur Bescherung übergehen.

„Also bis später, Adonis", sagte Peter.

Nachdem wir von der Kirche nach Hause gekommen waren, saß unser Adonis natürlich vor seinem angestammten Platz.

Und warum auch immer hatte ich das Gefühl, er lächle.

Wir aßen. Dann folgte die Bescherung. Für meine Mutter hatte ich selbstgestrickte Strümpfe.

Wir packten alles der Reihe nach aus, dabei fiel uns immer wieder dieses recht lieblos verpackte Geschenk auf. Ohne Tesafilm, ohne Schleife. Eigentlich war das Papier nur ein wenig darüber drapiert.

Aber natürlich, da ja alles das Christkind bringt, wagte keiner zu fragen.

Die Bescherung ging zu Ende, keiner wusste, wem das Geschenk gehörte.

„Mach es doch mal auf", sagte Mutter zu Peter.

„Ich weiß nicht, Mutter", erwiderte ich. Mir kam das plötzlich ein bisschen komisch vor.

Und dann sah ich etwas darunter hervor spitzen. Nur ein wenig, aber es genügte. Ich unterdrückte einen Schrei.

Zu spät, Peter hatte sich schon hinuntergebückt und das Papier weggerissen.

Hervor kam eine Maus.

Adonis stürmte um uns herum wie ein Wahnsinniger.

„Meine Güte", sagte ich, „er hat uns auch ein Geschenk machen wollen."

Mutter lächelte. „Auf seine Art."

Jetzt mussten auch mein Sohn und ich lachen.

Adonis hatte für Aufheiterung gesorgt. Und mit der drolligen kleinen Katze wurde es noch ein ganz lustiger Abend.

Als wir unseren Abendsnack zu uns nahmen, bekam Adonis ein Schälchen edles Festtagsmenü. Lachs mit Petersiliengarnitur. Und er ließ es sich so richtig schmecken.

Im zweiten Teil des Buches habe ich noch was fürs weihnachtliche Festtagsgefühl, schaut mal nach auf Seite 172.

Mit Katzen wird es nie langweilig

Elke Sacher

Es kann die eigene Katze sein, die einem das Leben bereichert, muss aber nicht. Auch die Stubentiger anderer Leute sehen sich als Teil der großen Gemeinschaft.

Siedlungskater Felix

Wir wohnen auf einer Spielstraße, das heißt: Wenige Autos und viele Kinder. Es gibt bepflanzte Grünstreifen vor den Häusern, nach hinten raus grenzen kleine Gärten aneinander. Für Katzen ein wunderbares und spannendes Revier.

Doch für Felix, einen beeindruckend großen Kater aus der Nachbarschaft, war das uninteressant. Er suchte lieber Menschenkontakt und war ein echter Schmusebär. Alle Kinder liebten ihn und knuddelten gern sein rotes Fell. Anders kam man an ihm nicht vorbei.

Wenn kein Mensch, an den Felix sich rankuscheln konnte, in der Nähe war, legte er sich einfach quer über die Straße. Jeder von uns hatte schon einmal den Schock-Gedanken „Oje, da liegt eine tote Katze!", aber danach wussten wir Bescheid. Wenn man mit dem Auto herankam, musste man stehenbleiben, aussteigen und Felix zur Seite tragen. Und wo man schon mal da war, gab es natürlich ein paar Streicheleinheiten (wie er es beabsichtigt hatte).

BITTE GERN STÖREN UND KRAULEN
Felix

Inzwischen wohnt Felix nicht mehr hier, seine Besitzer sind mit ihm umgezogen. Wir hoffen, dass er im neuen Zuhause genauso geliebt und geherzt wird wie hier. Alles Gute, Felix.

Warum man sagt, eine Katze habe sieben Leben, wird einem bald klar. Denn die Verbindung von Jagdeifer und Unbekümmertheit sorgt für Situationen, in denen ein Mensch zum Reagieren einfach zu langsam ist.

Raining Cat

Wochenende, Zeit für Hausarbeit. Unser Kater Mäxchen (wir nannten ihn Maaax, wenn er etwas nicht machen sollte) leistete mir Gesellschaft und überprüfte alles, was ich tat.

Die Fenster waren dran. Mäxchen beobachtete begeistert meine Wischbewegungen, als plötzlich ein Vogel vorbeiflog und der Kater schnurstracks hinterhersprang. Aus der 2. Etage!

Unten landete er auf weichem Boden, doch er schrie wie ein Baby und rührte sich nicht. War er verletzt? Oder eher selbst geschockt über seine Aktion?

Ich rannte nach unten und nahm Mäxchen auf den Arm. Er drückte sich an mich. Beruhigend auf ihn einredend ging ich zurück ins Treppenhaus, ich war erleichtert.

Als wir nach oben gingen, machte mein Nachbar in der 1. Etage die Tür auf, sah uns an und sagte: „Also doch! Ich habe gerade die Blumen gegossen, als ich von oben eine Katze an meinem Fenster vorbeifliegen sah! Ich konnte es gar nicht glauben."

Oh Mann ... Mäxchen war zum Glück wohlauf, wie sich herausstellte. Und außerdem berühmt. Ab dem Zeitpunkt kannte jeder im Haus die „Raining Cat".

Leute, ich kann den Typ voll verstehen. Wenn ich so im Jagdmodus bin, vergesse ich auch alles andere. Da muss meine Menschenfamilie für mich mitdenken, dass mir nichts passiert.

Die feine englische Art

Silke Schäfer

Als ich vor vielen Jahren in meine erste eigene Wohnung zog, dauerte es auch nicht lange bis zum ersten kätzischen Mitbewohner. Nach und nach bildete sich dadurch ein kleines Netzwerk von Freundinnen, zur gegenseitigen Hilfe bei notwendiger Katzenbetreuung wegen Urlaub, Krankheit oder aus sonstigen Gründen.

Eine dieser Freundinnen betrieb die „Katzenhilfe Niederrhein" und hatte außer den zu vermittelnden Katzen auch eine Anzahl eigener im Haus. Der Chef dieser privaten Truppe war Churchill, ein stattlicher, rotweißer Kater mit Freigang. Die Bedienungsanleitung für ihn lautete: „Wenn du hier ankommst, und der Churchill sitzt draußen vor der Tür, dann wartet er schon aufs Futter und geht mit dir rein. Wenn er noch nicht da ist, rufe ihn einfach. Meist sitzt er irgendwo im Gebüsch und beobachtet die Tür. Er wird sich da draußen übrigens nicht anfassen oder streicheln lassen. Da ist er ganz sein eigener Herr."

Churchill und ich lernten uns mit der Zeit besser kennen, und wenn auch nicht draußen, so durfte ich ihn bei mehrtätiger Abwesenheit seiner Menschen doch im Haus mit ein paar Streicheleinheiten erfreuen, die er aktiv einforderte.

Der Futterplatz war auf einem halbhohen Tischchen in der Küche eingerichtet, für den menschlichen Rücken angenehm zu erreichen und für die Miezen sprichwörtlich nur einen Katzensprung entfernt. Direkt daneben, doch entsprechend höher auf dem Ende der Küchenzeile, befand sich Churchills Napf, sozusagen in der Chef-Etage.

Es gab auch eine Katzenklappe zum gesicherten Garten, den alle Katzen nutzen durften; Churchill indes war der Einzige, der das Haus durch die Vordertür verließ, um im angrenzenden Park und in anderen Gärten Patrouille zu gehen. Bei seiner Rückkehr brachte er offenbar immer eine Menge interessanter Düfte mit, denn seine Mitkatzen schnupperten ihn dann ausgiebig ab.

Irgendwann im Frühsommer – es war diesmal kein Katzensitting, sondern nur ein Besuch zum Quätschchenhalten. Ich näherte mich der Haustür und schellte, Petra öffnete mir. Als ich meinen ersten Schritt hinein tat, erschien im selben Moment Churchill neben meinem Bein und drängelte an mir vorbei ins Haus. Er trug etwas im Maul, etwas Großes. Ein junges Wildkaninchen, schon tot, wie ich erkannte. Anscheinend hatte er wie gewohnt im Gebüsch gewartet, dass er ins Haus kommt, ohne dass ihm jemand seine Beute abjagen kann.

Er eilte geradeaus zur Küche, das Kaninchen mit hoch erhobenem Kopf mit sich schleifend, die neugierige Katzenschar auf den Fersen. Mit ein paar kraftvollen Sprüngen erreichte er das Ende der Küchenzeile – und legte das tote Tierchen in seinen leeren Napf. Dann drehte er seinen Mitkatzen demonstrativ den Rücken zu und begann zu fressen, dabei ein warnendes Grollen ausstoßend, das allein den anderen Katzen unten galt, die ihn umlagerten, sich aber nicht näher heranwagten.

Ich hatte die Szene fassungslos verfolgt und traute meinen Augen kaum.

„Ja", hörte ich Petra von der Seite, „der Churchill bringt sich sein Essen schon mal selber von draußen mit."

Wir überließen ihn seiner genüsslichen Schwelgerei und verzogen uns ins Wohnzimmer, mit Gesprächsstoff für die nächste halbe Stunde.

Churchill, eine Katerpersönlichkeit mit Stil und Manieren.

Mein kleiner Haustyrann

Silke Schäfer

Falconetti ist kein Freund der leisen Töne. Wenn er aus seinem Vormittagsschläfchen erwacht und mich nicht im direkten Blickfeld hat, schreit er. Ich rufe ihm dann aus dem Nebenzimmer (oder wo ich mich sonst gerade befinde) zu, dass alles in Ordnung ist und dass ich da bin. Er bräuchte nur ein paar Meter zu gehen und wäre bei mir, aber nein. Er schreit weiter, damit ich zu ihm komme.

Seinen unpraktisch langen Namen habe ich zu Falco verkürzt. Eine Recherche im Internet ergab, dass ein markantes Detail wohl Ausschlag für diese Wahl gab: Falco hat, wie der TV-Bösewicht Falconetti (aus der Serie Reich und Arm), nur noch ein Auge.

Seine Lebensgeschichte ist unbekannt. Der Tierschutzverein Neuss hatte ihn aus Spanien geholt, wo seine Chancen auf Adoption gleich Null waren. Doch auch auf der deutschen Pflegestelle saß er ein Jahr, bis ich auf ihn aufmerksam wurde. Niemand hatte diesen Kater mit den vielen Baustellen haben wollen: Alter mindestens zehn Jahre, einäugig, völlig zahnlos, Träger des FiV-Virus, chronischer Katzenschnupfen, dazu Niereninsuffizienz. Letzteres zwar in einem händelbaren, nicht unmittelbar tödlichen Stadium, aber trotzdem für viele Leute ein Grund, ihn abzulehnen.

Mir war Falcos freundliches, offenes Wesen viel wichtiger, denn zuhause wartete Kater Taki, ebenfalls jenseits der Zehn, auf einen neuen Kumpel zum Spielen und Kuscheln. Und dann war da noch der Hund – ein lieber Kerl, der Katzen anstandslos als Chefs ansah und einfach nur friedliche Koexistenz wünschte.

So zog Falco Anfang 2022 bei uns ein und gab dem Zusammenleben eine ganz neue Note.

Zuallererst fiel auf, dass er liebend gern auf dem Arm oder auf den Schultern herumgetragen wurde. Ein fordernder Blick von ihm, und ich musste mir nur an die Schulter klopfen, schon sprang er mit zwei Sätzen an mir hoch. Bückte ich mich, um Schuhe zuzubinden, hatte ich Falco ruck-zuck auf dem Rücken sitzen. Er ließ keine Gelegenheit aus, Menschen zu erklimmen, auch Besuch war ihm dazu willkommen. Von der Schulter aus wurde dann schnurrend geköpfelt, das zahnlose Mäulchen verteilte feuchte Küsse.

Er machte auch vor dem Hund nicht halt. Einmal sprang er Miguel auf den Rücken, als wir gerade vom Gassi zurückkamen. Zum Glück hatte der noch Hundemantel und Geschirr an, sodass Falcos Krallen guten Halt fanden. Ich hielt den Atem an, Miguel wohl auch. Er stand starr und schien mich zu fragen, ob er irgendetwas tun müsse. Ich murmelte nur ein paar beruhigende Worte und pflückte den Kater herunter.

Zum Glück hat Falco sich das nicht angewöhnt, seine Kletterpartien kommen inzwischen nicht mehr so häufig vor. Aber wenn ich seiner Meinung nach zu sehr beschäftigt bin und in der Wohnung herumlaufe, schreit er mich schon mal an, dass ich mich hinsetzen und ihn auf den Schoß nehmen soll.

Und wo schläft so eine kleine Klette? Natürlich im Bett. Im Gegensatz zu Taki, der nach ein paar verabschiedenden Streicheleinheiten ans Fußende zieht und sich auf dem Oberbett einrollt, will Falco mehr Nähe. Viel mehr.

Ich mache das Licht aus und nehme linke Seitenlage ein. Falco pirscht sich quasselnd und schnurrend an und hockt sich so auf meine linke Schulter, dass er seinen Vorderkörper über meinen Hals falten kann. Wir rücken uns dann zurecht, dass ich noch atmen kann und er ein Maximum an Bequemlichkeit hat. Das geht so lange gut, bis er in Schlaf sinkt, im wahrsten Sinne des Wortes. Seine Körperspannung lässt nach, der kleine Körper wird bleischwer auf meinem Hals, sein Kopf landet auf meiner Schläfe, er atmet mir direkt ins Ohr.

Spätestens jetzt sammle ich behutsam Falcos erschlaffte Gestalt ein und bette ihn auf ein Kissen neben mir.

Bevor Falco einzog, galten die vergleichsweise ruhigen Vormittage als Computer- und Schreibarbeitszeit. Auch jetzt kommt es gelegentlich vor, dass er nach seinem Frühstück einen bequemen Schlafplatz in Takis Nähe sucht. Meist aber stellt er sich in den Flur und schreit, bis ich ihm zurufe, in welchem Zimmer ich mich gerade befinde.

Dann kommt er an und besteht darauf, mir beim Arbeiten zuzusehen. Es wäre auch okay, wenn er sich quer über meine Knie legte und ich so über ihn hinweg die Tastatur bedienen könnte. Er bevorzugt aber die Aussicht von ganz oben. Erst steigt er auf meine rechte Schulter, dann wechselt er über den Nacken hinweg auf die linke, dort hängt er sich drüber und starrt mit mir auf den Bildschirm. Ihm ist wohl wichtig, dass ich in optimaler Kuss-Nähe bin, denn ab und wendet er sich schnurrend zu mir.

Falco ist zierlich gebaut und recht dünn. Es wäre also auch okay, wenn er auf der Schulter bliebe, dieses Leichtgewicht stört nicht. Doch so viel Sitzfleisch hat er nicht. Nach ein paar Minuten wird er zappelig, wechselt auf die rechte Schulter – und zwar vorne herum –

und wieder hinten entlang auf die linke. Das Spiel beginnt von vorn. Nach der dritten oder vierten Runde bin ich es leid, und biete ihm irgendwo ein Kissen an.

Dieses Verhalten hat dazu geführt, dass ich auch an den wärmsten Sommertagen meine Fleeceweste über dem Top trug, damit Falco bei seinen Kletterpartien nicht abrutschte und mich mit blutigem Streifendesign schmückte. Und ich bin froh, dass ich nicht mehr in die Notwendigkeit komme, echtes Homeoffice machen zu müssen. Ein schnurrender, knutschender und herumwandernder Falco auf den Schultern ist für konzentriertes Arbeiten kontraproduktiv.

Zum Glücklichsein braucht Falco menschlichen Körperkontakt. Einfach nur da sein genügt nicht. Er schreit mir nach, wenn ich mit Miguel zur Gassirunde rausgehe, und er schreit mir entgegen, wenn wir zurückkommen und ich den Schlüssel ins Schloss der Wohnungstür stecke.

Ginge es nach ihm, würde ich mich (außer zu den Fütterungszeiten und nachts) nicht aus dem Sessel, wahlweise vom Sofa wegbewegen. Dort kuschelt er sich in meine Arme, niest mich an, gibt Köpfchen und schläft entspannt ein.

Mein lieber kleiner Tyrann … gern können wir noch viele Jahre so verbringen. Mit Spezialfutter und Medikamenten hoffe ich Falcos Wohlbefinden weiterhin stabil zu halten und freue mich auf den nächsten Sommer mit Fleeceweste.

Nachtrag, Januar 2023: Leider hat es nicht sollen sein. Die Lücke, die Falco hinterlassen hat, wird nun besetzt von seinem ehemaligen Pflegestellenkumpel Valentin, der dort schon mehr als ein Jahr auf ein Zuhause wartete.

Cashew und Möhre im High Society Life

Isabell Ugol

Während der soziale Aufstieg in der menschlichen Gesellschaft oft lang und steinig ist, sind Katzen einfach für ein glamouröses Leben geboren. Nicht nur Karl Lagerfelds Choupette, sondern auch die heruntergekommenste Straßenkatze kann bei guter Pflege in kürzester Zeit Star-Attitüden und -Allüren entwickeln. Langeweile kann dabei zum Hauptluxusproblem vieler Katzen werden, so auch von Cashew und Möhre (manchen vielleicht noch bekannt aus dem ersten Felimania Band).

Manche Katzen kringeln sich brav zusammen und schlafen, wenn es gerade nichts Spannendes gibt, so wie mein alter, verstorbener Kater, genannt Das Dicke Boo. Andere nehmen die Freizeitgestaltung selbst in die Pfote und sorgen selbst für Spannung, Nervenkitzel und Entertainment, wie Cashew und Möhre. Aber es darf nicht irgendwas sein, Nein! Nur das Exklusivste und Glamouröseste ist gerade gut genug für diese samtpfotigen Diven.

Dazu sollte man wissen, dass Cash und Möhre nicht etwa Rassekater sind, sondern einst arme, kleine, verwahrloste, zum Teil todkranke Kätzchen aus dem Tierschutz waren. Der „Stammbaum" ist hier eher etwas, worauf man gerne und oft sitzt, anstatt einer Auflistung von Katzenausstellergewinnern in der Ahnengalerie.

Als ich die Racker damals in ihrer Bocholter Pflegestelle bei Sandra besuchte, sagte diese, dass Cashew „ein echtes Spielkind" sei, dass selbst seinen ebenfalls noch jungen, kätzischen Mitinsassen „manchmal zu viel wird". Nur der geduldige Möhre scheint den kleinen Wirbelwind ins Herz geschlossen zu haben. Möhre hingegen sei ein Kampfschmuser, mag Füße und würde auf dem Rückweg wahrscheinlich sehr viel miauen. Beide würden am liebsten zusammen vermittelt.

Ich höre mich noch milde lächelnd sagen: „Ach ja, ich weiß ja, wie Katzen sind, ich hatte ja schon mal eine." Berühmte letzte Worte! Ich nehme an, Sandra lacht heute noch darüber.

Der Kater, den ich vorher hatte, war nämlich ein absolutes Anfängermodell, oder wie mein Mann es gerne nennt: Katze mit Stützrädern. Ein absolut liebes, ausgeglichenes, man könnte auch sagen, faules Tier, das in seinem Leben kaum mal etwas kaputt gemacht hat. Nach seinem Tod war noch ein guter Teil seines Spielzeugs sehr brauchbar. Möhre und Cashew haben ihre Weihnachtsgeschenke meist schon am zweiten Weihnachtstag zerlegt. Nur mal so zum Vergleich. Das Dicke Boo war dagegen ein angenehmer Zeitgenosse mit sehr leiser, sanfter Stimme und dem geringsten Aggressionspotential, das ich je an einer Katze sah.

Und dann gibt es, wie gesagt, Cashew und Möhre, die sich nicht mit einem rein dekorativen Dasein abfinden, sondern sich selbst verwirklichen wollen und sich zudem, wenn nicht für Adel, doch zumindest für High Society oder Promis halten. Wer hat auch sonst schon Personal. Ist doch logisch. Hier eine Auswahl ihrer schicksten und pompösesten Projekte, Hobbys und Fähigkeiten:

Brunch

Der Tag beginnt stilvollerweise mit einem Brunch. Cashew liebt ein opulentes Brunch! Cashew liebt Essen sowieso und immer, auch das für Menschen. Irgendwoher muss er ja auch den Kraftstoff für all seine sportlichen Aktivitäten beziehen.

Möhre interessiert sich kaum dafür, der muss aber auch auf seine Modellfigur achten. Dazu später.

Ich sitze also mit meiner Freundin Claudia bei einem ausgedehnten Brunch mit Prosecco und allem: Eine dreiteilige Etagere ist bestückt zuoberst mit Pumpernickelhäppchen, bestrichen mit Currycreme und ausgebackenem Bacon, Frischkäse mit Gurke, oder Honigquark mit Erdbeeren. Verschiedene Marmeladen und Butter auf Ebene zwei und zuunterst ein großer, selbstgebackener Milchhefekranz. Die Katzen haben sich stundenlang nicht blicken lassen, da sie noch kaum Besuch gewöhnt sind.

Als wir ausreichend getrunken und gespeist haben, wendet sich unser Gespräch dem Thema Kostümschneiderei zu, was unser gemeinsames Hobby ist. Die Schneiderpuppe mit dem entsprechenden Projekt steht ganz in der Nähe. Wir erheben uns also, um die fünf Schritte zu der Schneiderpuppe zu gehen. Immer noch keine Katze weit und breit. Wir stehen an der Schneiderpuppe und betrachten eine bestimmtes Detail, als wir ein verdächtiges Klimpern hören. Ein schneller Blick zum Couchtisch eröffnet folgendes Bild: Cashew mit vollen Backen, wie ein Eichhörnchen, aus dessen Maul ein riesiges Stück Hefekranz ragte. Auf frischer Tat ertappt, duckt er sich schnell weg und wiesel blitzschnell durch Couchtischbeine an der Couch vorbei, mit seiner Beute fest im Griff, zwei zeternde Frauen hinter ihm her.

Einen Teil können wir ihm abjagen, dennoch war seine Jagd erfolgreich. Die Mission „Erlegung des Hefekranzes" und die

Überlistung der beschwipsten Damen ist geglückt! Cashew fühlt sich seitdem zu jedem Brunch mit meiner Freundin herzlichst eingeladen.

Waschbeckengolf

Gut gestärkt, widmet sich der Kater von Welt nun dem Sport. Cashew, der besonders Sportliche von beiden, hat eine besondere Form des Golf entwickelt: Es dient gleichzeitig den manchmal etwas begriffsstutzigen Menschen als Intelligenztest und Beschäftigungsmaßnahme. Spielregeln: Cashew prökelt zunächst die Stopfen aus den Abflüssen. Entweder trägt er sie dann weg und versteckt sie vor uns, oder er wirft sie einfach auf den Boden. Manchmal sammelt er sie auch in einem Becken, Hauptsache, ein Loch ist frei. Dann wird alles, was klein ist und zufällig auf dem Beckenrand liegt, eingelocht. Beliebt sind Schmuck und Haarklammern, aber auch Nagelklipser und alles andere was passt. Ein riesiger Spaß auch für diejenigen, die nachher wieder den Siphon aufschrauben dürfen. Seitdem ist das Waschbecken meist sehr gut aufgeräumt.

Sich feiern lassen wie ein Star

Solche beachtlichen sportlichen Leistungen, sowie der glamouröse Lifestyle ziehen natürlich Bewunderer und Fans in Massen an. Wie ich schon einmal andeutete, hat der langbeinige und charmante Möhre sich den Traum von der Modellkarriere erfüllt. Unsere Wohnung besitzt einen riesigen Balkon, von dem wir ungefähr ein Drittel zum Katzenbalkon deklariert haben. Diesen Teil haben wir mit einem ausbruchssicheren Gerüst und Katzennetz ausgestattet, sowie mit einer

Kletterlandschaft aus mehreren Plateaus aus Holz und Stämmen aus dem Wald zum Klettern und Kratzen. Ganz oben auf so einem Plateau liegt oft Möhre, und wenn man vorbeikommt oder hinsieht, fängt Möhre an zu maunzen und sich herumzuräkeln, mit den Augen zu zwinkern, den Schwanz einzukringeln und sich in verschiedene Posen zu werfen. Ganz so, als ob ein Starfotograf oder die Presse anwesend wären, die ihm zurufen: „Ja, genau so! Zeig uns, was du drauf hast Baby! Bleib so, du siehst fantastisch aus!"

Zum Topmodell gekürt hat ihn dann wohl eine dreiköpfige Jury. Denn über unserem Balkon ist kein Balkon, so dass die Nachbarn über uns durch ein großes Fenster auf den Katzenbalkon schauen können. Dort ist das Zimmer der Tochter, welche an einem Sonntag ihre zwei Freundinnen eingeladen hatte. Diese drei lehnten nun aus dem Fenster und bedachten Möhre mit all der Bewunderung, die er wahrlich verdient hat! Möhre, der weiß, dass man als Star nichts ohne seine Fans ist, legte sich noch einmal so richtig ins Zeug, um eine gute Show zu bieten.

Die Hohe Schule des Operngesangs

Der versierte Showmaster ist natürlich nicht nur schön, sondern hat auch Gesangstalent. Den orientalischen Katzenrassen, wie z. B den Siam, sagt man ja nach, dass sie besonders laute Stimmen haben und sehr gesprächig sind. Auch wenn sein Stammbaum im Dunkeln liegt, so hat Möhre offensichtlich das Bedürfnis, sich pünktlich um 6.30 Uhr in chinesischer Oper zu üben. Das zwar körperlich anwesende, ansonsten aber schlafende Publikum scheint diese traditionelle Darbietung in seiner avantgardistischsten Form nicht so recht zu würdigen. Das hat man davon, wenn man aufs Land zu solchen Kunstbanausen zieht! „Der Klagegesang über die geschlossene Balkontüre" und die dramatische „Ballade vom leeren Napf" sind seine Dauerhits. Meiner Anfrage, doch mal „Nessun dorma" (Übers: „Niemand schläft" aus der Oper Turandot) zu üben, kam er bisher nicht nach. Man kann sich seinen Sound ähnlich einer singenden Säge vorstellen. Das Vibrato beherrscht er gut. Man kommt sich immer ein bisschen wie in einem englischen Krimi vor, wenn er singt. Möglicherweise rächt er sich damit aber auch nur für mein Harfenspiel, was er aus unerfindlichen Gründen nicht leiden kann. Unsere Band musste sich wegen künstlerischer Differenzen leider auflösen.

Wie sagt man so schön, der Apfel fällt nicht weit vom Stamm: Wen wundert es, dass in einem chaotischen Künstlerhaushalt auch die Katzen erfinderisch werden? Jeder bekommt die Katze, die er braucht. Und wenn sie sich dann abends, müde von ihren Abenteuern, schnurrend auf unseren Schößen einkuscheln, wissen wir: Inmitten seiner Lieben zu sein ist der schönste Luxus der Welt.

Die Katze aus Japan

Frank Zander

Vor einigen Jahren im Sommer war ich mit meinem Neffen in Urlaub: Eine Woche Tokio und anschließend zwei Wochen mit dem PKW eine Rundreise durch Japan.

Als wir im Ort Takayama übernachteten, konnte ich nicht einschlafen, lag es am Essen von MC Donald's? Obwohl ich schon im Bett lag, beschloss ich doch noch ein wenig spazieren zu gehen. (Das ist höchst ungewöhnlich, mache ich sonst nicht.)

Als ich aus dem Hotel trat, ging ich zuerst nach links die Straße hinab, hatte aber schnell das Gefühl, die falsche Richtung eingeschlagen zu haben und ging in die entgegengesetzte Richtung.

Ich kam an einer Telefonzelle vorbei, dahinter war ein Parkplatz. Von dort hörte ich ein Miauen. Eine junge Katze saß da, etwa sechs Wochen alt und sehr dünn!

Sie tat mir leid, und ich nahm sie auf den Arm, dabei bemerkte ich an der linken Seite in Höhe Herz eine fast verheilte Wunde.

Nun war ich in einem weit entfernten und fremden Land, was tun mit ihr? Mit nach Hause nehmen? Das hieße elf Tage mit im Auto, fünfzehn Stunden Flug? Unmöglich! Also versuchte ich jemandem die Katze zu geben, ich sprach mehrere Leute an, hielt ihnen die Katze hin, aber keiner wollte sie! Nicht mal einer der vielen Taxifahrer!

Daraufhin schmuggelte ich sie auf mein Hotelzimmer und rief meinen Neffen im Nachbarzimmer an: „Du, komm mal rüber, ich habe eine Katze!" Daraufhin er: „Ja sicher." Er kam aber in mein Zimmer und staunte nicht schlecht!

Wir berieten uns, was wir tun sollten. Er meinte, ich solle erst mal Futter kaufen. Es war schon gegen 23.00 Uhr, als ich in das nächste Geschäft ging, das noch geöffnet war, und Katzenfutter kaufte.

Die arme kleine Katze war fast verhungert und machte sich über das Essen her. Danach gingen wir schlafen. So gegen 04.00 Uhr wurde ich wach, warum sind denn meine Beine so feucht? Die Katze hatte ins Bett gemacht, logisch - ich hatte ja kein Katzenklo!

Frühmorgens betrat ich das nächste Geschäft und suchte Katzenfutter, nichts zu sehen. Die Verkäuferin war etwas älter und sprach kein Deutsch und Englisch, so deutete ich auf eine Porzellankatze und machte die Geste für essen, worauf die Verkäuferin sehr böse wurde. Sie dachte bestimmt, ich wolle Katzenfleisch essen?

Ab in ein anderes Geschäft, dort Futter gekauft. Erst mal die Katze gefüttert, dann wieder aus dem Hotel rausgeschmuggelt und mit ihr ins Auto.

Als wir dann für uns Frühstück kauften, habe ich Katzenstreu direkt dazu gepackt!

Im Auto haben wir eine Plastikschale mit Katzenstreu hingestellt und in einer anderen Schale immer etwas Futter oder Milch. Es war nicht immer angenehm, wenn die Katze auf die Toilette ging, bei 35-40°C im Schatten genießt man die Klimaanlage im Auto und macht nur ungern das Fenster auf!

So zogen wir mit der Katze im Auto durch Japan: Hiroshima, Kyoto und wieder Tokio. In Hiroshima buchten wir ein Zimmer, parkten das Auto und gingen mit der Katze in der Tasche in die Lobby.

Dummerweise war gerade der Fahrstuhl weg. Auf einmal kam aus meinem Rucksack „Miau Miau!" Geistesgegenwärtig sprach ich laut zu meinem Neffen: „Du Dave, sag was." Er: „Was soll ich sagen?" Ich: „Ist doch egal versteht dich doch so wie so keiner hier, sprich darüber, wie schön das Wetter in Deutschland ist!" Endlich war der Fahrstuhl da!

Irgendwann war ich dann so weit, dass ich sagte, die Katze nehme ich mit nach Deutschland zu mir. Beim Telefonieren mit meinem Vater sagte ich ihm, er möchte bitte mal fragen, was man alles braucht, um eine Katze nach Deutschland zu bringen. Er meinte, ich sei verrückt. Beim Telefongespräch zwei Tage später, meinte er, ich bräuchte nur eine Tollwut-Impfbescheinigung für die Katze.

Der EU sei Dank!

Mit der Katze war es sehr lustig. In Kyoto zum Beispiel habe ich sie nach der Zimmerreinigung ins Hotel geholt. Danach besichtigten wir den Kaiser-Palast in Kyoto.

Als wir nachmittags zurückkamen und die Schlüssel verlangten, rief die Empfangsdame ihrer Kollegin etwas zu. Mein Neffe versteht etwas Japanisch, aber warnte mich nicht. Er verstand nur so viel wie *Die Menschen der Katze sind da.*

Die Hotelfachfrau stellt mich zur Rede, warum ich eine Katze im Zimmer hätte und dass man das nicht dürfe. Ich erklärte ihr, wie ich zu der Katze gekommen war und was ich vorhatte. Danach gestattete sie mir, die Katze eine Nacht im Zimmer zu behalten. Im Zimmer hatte man ihr ein fast richtiges Katzenklo und einen Fressnapf hingestellt, sonst hatte ich mich immer mit irgendetwas beholfen.

Nun mussten wir nur noch einen Tierarzt finden, was kein Problem war.

Beim Tierarzt angekommen, fing es erst an, der gute Mann sprach kaum Englisch und wusste nicht genau, welche Impfung die Katze brauchte. Mir kam dann die Idee, die deutsche Botschaft in Tokio anzurufen.

Die Vermittlung in der Botschaft leitete mich an einen deutschen Mitarbeiter der Botschaft. Den bat ich, er möge bitte dem Tierarzt erklären, dass die Katze eine Tollwut-Impfung brauche. Der Mitarbeiter meinte, das gehe nicht, alle Mitarbeiter seien beschäftigt, und verabschiedete sich.

Ich war ratlos und gab dem Tierarzt das Telefon zurück.

Somit wusste der Tierarzt noch immer nicht, worum genau es ging. Da kam mir die Idee. Ich bat noch mal um das Telefon rief noch mal die Botschaft an und fragte die Dame der Vermittlung, ob sie Japanisch sprach, dieses bejahte sie. Darum bat ich sie, mir zu dolmetschen, was sie tat.

Danach wusste der Arzt, was wir wollten. Er ging nach hinten und kam nach einigen Minuten wieder, mit einem Schreiben auf Deutsch und Englisch. Er deutet auf einen Abschnitt, worin stand, dass die Tollwut-Impfung mindestens 21 Tage alt sein musste!

Oh je, 21 Tage - wir wollten in vier Tagen zurückfliegen! Auf meine Frage, ob er das Impfdatum nicht vordatieren könne, verneinte er und lehnte es vehement ab.

Daraufhin hielt ich ihm die Katze hin und sagte, er soll sie nehmen, was er aber nicht wollte! Auf meine Frage, was ich mit der Katze tun sollte, wusste er auch keine Antwort!

Also fuhren wir weiter. Unterwegs besorgte ich mir in einer Tierhandlung eine Tiertasche, da kein Korb oder Box vorhanden war.

In Osaka angekommen, beschloss ich sie einfach impfen zu lassen und sie mitzunehmen! Was sollten sie schon tun, wenn sie erstmal in Deutschland war? Zurückfliegen?

Also wieder einen Tierarzt suchen. Wir fanden auch sehr schnell einen. Doch bei ihm in der Praxis angekommen trauten wir unseren Augen nicht!

Der saß auf einem Stuhl und rauchte, der Aschenbecher war voll, die Praxis total vergilbt!!! Wir versuchten dem leicht alkoholisierten Tierarzt, der nur Japanisch sprach, verständlich zu machen, was wir wollten. Er sah die Katze an und meinte, er könne bescheinigen, dass sie gesund sei. Dabei hatte er sie nicht einmal untersucht.

Wir versuchten mit allen möglichen Gesten zu erklären, dass die Katze nur eine Impfung brauchte. Daraufhin untersuchte er die Katze und meinte, alles okay!

Wir machten Gesten von Spritzen, und das verstand er, aber wusste nicht, was er spritzen sollte! Er zeigte uns zwei verschiedene Impfstoffe, und wir identifizierten Rabies Vaccine als das richtige Serum. Wir hielten ihm den Impfpass hin und zeigten ihm, wo er was eintragen musste; seinen Namen, welches Impfserum, Stempel und Unterschrift.

Danach fragte er, ob er die Katze wirklich impfen sollte? Ja, natürlich! Er fragte, ob ich eine Quittung bräuchte, ich verneinte. Er wollte 3500 Yen. Als er nach nebenan ging, um meine 5000 Yen zu wechseln, eignete ich mir blitzschnell seinen Kugelschreiber an.

Wir verließen glücklich mit der halb ausgefüllten Impfbescheinigung die Praxis. Leider wussten wir immer noch nicht, ob es ein Kater oder Katze war, so nannten wir sie vorläufig Yakusa, das ist Japanisch und heißt so viel wie Mafia.

Abends im Restaurant füllten wir die Bescheinigung fertig aus, mit Herkunftsland, Alter und Impfdatum. Mir ist klar, dass das nicht legal war, aber es gab einen Punkt, wo ich mir sagte: Du hast die Katze durch halb Japan gebracht, nun nimmst du sie mit heim. Egal wie!

Wir fuhren weiter nach Tokio, brachten die Katze ins Hotel und gaben das mit Katzenstreu verdreckte Auto ab. In Japan ist es nicht üblich, Autos selber zu reinigen. Die Verleihfirma hat aber über den Zustand des Autos nichts gesagt, sondern sich nur bedankt, dass wir bei ihnen gemietet hatten.

Am nächsten Tag fuhren wir zuerst mit der Metro in Richtung Flughafen. Die Katze schaute dabei die ganze Zeit aus der Tasche. An einer Station stieg eine Frau ein, sah die Katze und sprach mich auf Englisch an und streichelte die Katze. Ich erklärte ihr, wie ich zu ihr gekommen war und dass ich sie mit nach Deutschland nehmen würde.

Sie kramte in ihrer Tasche und gab mir für die Reise einen kleinen Plastikbeutel mit abgefülltem Katzen-Trockenfutter. Ich finde das unglaublich, wer fährt denn schon mit abgepackten Katzen-Trockenfutter durch die Gegend?

Am Flughafen Narita angekommen, überprüfte der Zoll die Impfbescheinigung und fand alles in Ordnung. Dann am Schalter der Air France wurde der Impfpass noch mal geprüft, man fragte mich, ob ich den Flug der Katze gebucht hätte? Ich sagte nein, aber es wäre ja wohl kein Problem!?

Es war eins! Man sagte mir, ich könne nicht mitfliegen, oder ich müsse die Katze dalassen, was für mich nicht mehr in Frage kam! Ich fragte noch mal nach, und man brachte mich zu einem anderen Angestellten, der aber sagte nein, ich könne nicht mitfliegen, es ginge halt nicht.

Geistig stellte ich mich darauf ein, dass ich noch weitere drei Tage in Japan bleiben musste.

Man sagte, ich könne zehn Stunden später mitfliegen. Also buchte ich für mich und die Katze um, mein Neffe sollte vorfliegen und ging zum Flugzeug. Ich unterhielt mich ein wenig mit dem Mitarbeiter und zahlte die Fluggebühr von 20300 Yen (ca. 150,- Euro) für die Katze. Auf einmal wollte er noch mal meine Katzentasche sehen und sagte: „Na gut, weil es eine echte Tiertasche ist und auch ein Katzenklo darin ist, dürfen Sie doch mitfliegen!"

Ich schnappte mir die Katze und lief meinem Neffen hinterher.

Die Flugbegleiterin erklärte mir, dass die Katze nicht aus der Tasche dürfe und dass es nicht an ihr läge, sondern dass halt die Vorschriften so seien. Sie fand die Katze süß.

Während des 13 Stunden langen Flugs ging ich öfters mit der Katze auf die Toilette, um ihre sauber zu machen und ein wenig mit Yakusa zu spielen. Kurz vor der Landung in Paris kam die Flugbegleiterin zu mir und bat mich, gleich nicht sofort auszusteigen. Sie wollte die Katze mal halten.

Nach der Landung kam sie dann auch zu mir und nahm die Katze auf den Arm, zeigte sie den Kollegen und einigen Passagieren.

In Paris schlief die Katze fest, und wir gingen durch die Passkontrolle. Im Flugzeug nach Frankfurt am Main fiel es mir dann auf. Ich sagte zu meinem Neffen: „Du Dave, eigentlich werden wir in Deutschland nicht mehr kontrolliert, weil wir aus einem EU-Land kommen." Und genauso war es! In Deutschland angekommen, wollte keiner unsere Ausweise oder die Impfbescheinigung der Katze sehen.

Endlich zuhause, bin ich anderen Tags zum Tierarzt gefahren und habe die Katze untersuchen lassen, und sie wurde ordnungsgemäß geimpft. Der Arzt sagte mir, dass es eine Sie war. Nun konnte ich ihr einen richtigen Namen geben: Asahi, was so viel heißt wie Morgensonne!

Sie ist auch eine richtige Morgensonne, frühmorgens weckt sie mich mit leichtem Beißen, Auf-den-Kopf-Springen oder Lecken im Gesicht, was nicht besonders schön ist. Mittlerweile hat sie sich gut eingelebt und versteht sich prima mit meiner anderen Katze Luise.

Nach einigen Wochen erhielt ich Post aus Japan. Es war die Hotelangestellte aus Kyoto. Sie wollte wissen, wie es der Katze ging. Ob ich die Katze nach Deutschland gebracht hätte, und ob es schwierig gewesen sei. Ich mailte ihr einige Fotos, und sie schickte mir welche von ihren Tieren zurück.

Ab und zu schreiben wir uns noch.

Teil 2

Allerlei Kätzisches

Die Katze als Meisterstück der Natur

Vor etwa 10.000 Jahren beschloss das Wildtier Katze, dass die Umgebung von menschlichen Wohngebieten als lohnender Jagdgrund anzusehen war. So viele Mäuse in deren Getreidefeldern und -speichern, dafür lohnte es sich, die Domestikation zuzulassen.

Jedenfalls in vertretbarem Umfang.

Katzen haben eine natürliche Herrscherqualität, die sie oft nur zum Schein nicht zu deutlich raushängen lassen. Im Detail betrachtet, stellen sie die Regeln auf, nach denen sie bereit sind, mit uns zu leben. Manchmal fragt man sich, wer denn eigentlich wen als Hausgenossen hält. Unzufriedenheit mit den Gegebenheiten wird seitens der Katze mindestens zeitnah geahndet, und wenn ihr der Weg offensteht, wird sie sich sogar andere Menschen suchen, mit denen es besser passt.

Die Hauskatze hat die ihr zur Verfügung stehenden Möglichkeiten für das Zusammenleben mit Menschen optimiert und macht in unterschiedlichem Maß davon Gebrauch. Schauen wir uns dieses Meisterstück der Natur also etwas genauer an.

Die Berührungszonen

Katzenfell hat etwas Unwiderstehliches. Doch höfliche Annäherung kommt bei der Katze gut an, mit dem sogenannten Köpfchengeben wird sie dann gestatten, dass man Zone A krault. Gefällt es ihr, darf das nach entsprechender Aufforderung ihrerseits auch auf Zone B ausgeweitet werden.

Ausschließlich als Spielzeug für Katzenkinder reserviert ist die Tabuzone, Menschenkinder (und Erwachsene) lassen besser die Hände davon. Andernfalls ist damit zu rechnen, dass das Abwehrsystem zum Einsatz kommt.

Abbildung: Die Lage der verschiedenen Berührungszonen

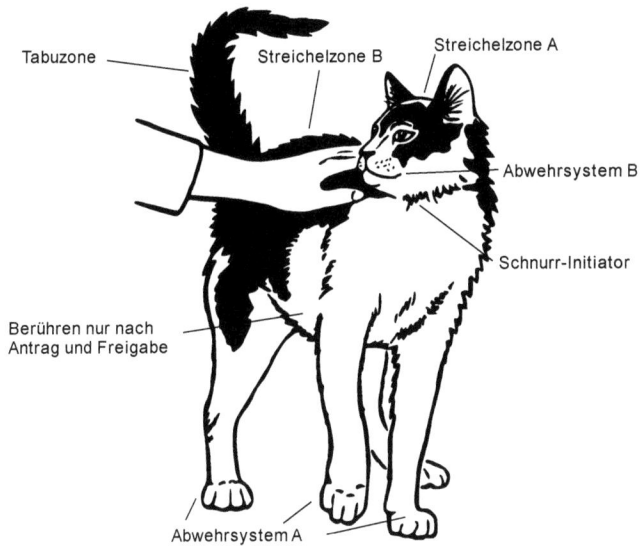

Ein einfaches Pfote-Heben ist dabei als freundliche War-
nung zu verstehen. Fährt man jedoch fort, bekommt man die
bis zu vierfache Wucht der Abwehr A zu spüren, plus Abwehr
B in besonders schweren Fällen (zum Beispiel das Kämmen
oder Handling beim Tierarzt).

Gleichermaßen vorsichtig sollte der Umgang mit der Unter-
seite sein. Hier ist die Reaktion individuell unterschiedlich und
hängt auch von der Innigkeit des Verhältnisses zwischen Katze
und Mensch ab. Merke: Ein entspannt präsentierter Flausch-
bauch gilt nicht grundsätzlich als Einladung zum Anfassen.

Es sei noch auf die Region hingewiesen, die das Schnurren
nicht nur hervorruft, sondern dessen Vibration auch spüren
lässt. Doch Achtung: Schnurren ist kein zuverlässiger Indikator
für ein inaktives Abwehrsystem. In dieser Hinsicht erreichen

Katzen eine Beschleunigung, die nur noch im Mikrosekunden-bereich messbar ist.

Der Kopf

Eine auffällige Sonderausstattung sind die langen Tast-haare, deren obere Gruppierung über den Augen der Katze zum Beispiel darüber Auskunft gibt, unter welches niedrige Möbel sie noch bequem kriechen kann. Man unterschätze das nicht – eine normal gebaute Katze kann ihre Höhe auf ein Fünftel reduzieren, um den aus der Küche geklauten Fisch in Ruhe unterm Sofa zu verzehren (oder ihn für schlechtere Zeiten dort zu deponieren).

Abbildung: Die Katzen-Sonderausstattung am Kopf

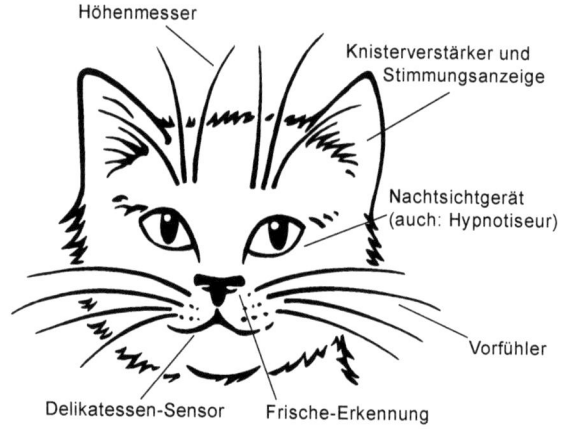

Die seitlichen Tasthaare sind maßgeblich (im wahrsten Sinne des Wortes) für das Entkommen durch Türen, die man eigentlich nur einen schmalen Spalt geöffnet hatte. Außerdem geben sie der Katze sensorische Rückmeldung bei der Jagd in völliger Dunkelheit. Wenn eine Maus die Spitzen dieser Haare spürt, kann sie sicher sein, dass Krallen und Zähne nur einen (letzten) Atemzug entfernt sind.

Die Ohren kommen Hochleistungs-Richtmikrofonen gleich, die aus den vielfältigen Alltagsgeräuschen genau jene herausfiltern, die etwas Leckeres in Aussicht stellen. Das Öffnen der Schranktür, hinter der das Katzenfutter aufbewahrt wird, holt eine Katze in Nullkommanichts aus dem Schlaf. Am Rascheln erkennt sie, ob die Tüte Knabberbröckchen enthält oder Hustenbonbons. Ihren Namen kennt sie ebenfalls, wägt jedoch ab, ob eine Reaktion sich lohnt. Sie erkennt auch den Sound der Katzenkorb-Tür, verbindet dies mit dem letzten Tierarztbesuch und zieht daraus ihre Schlüsse. Dann verzieht sie sich an einen unerreichbaren Ort.

Mit ihrem hervorragenden Geruchssinn stellt die Katze zweifelsfrei fest, dass es die abends vorgesetzte Futtersorte auch schon am Morgen gegeben hat. Schlimmer noch – aus derselben Packung! Mit etwas Glück bekommt der zuständige Mensch nur einen verständnislosen bis vorwurfsvollen Blick. Im Wiederholungsfall ist mit eindeutigen Scharrbewegungen oder demonstrativem Würgen zu rechnen.

Hat das Frische-Aroma des Futters den ersten Test bestanden, erfolgt die kätzische Einstufung auf einer persönlichen Delikatessen-Skala, die sprunghaft wechseln kann. Was gestern schmeckte, kann heute verabscheuungswürdig sein. Darum empfiehlt es sich, stets ausreichend Sorten und Geschmacksrichtungen vorrätig zu halten.

Der Blick einer Katze ist ausgefeilt sprechend, das Ergebnis natürlicher Auslese und Weitervererbung derer, die ihre Menschen damit wortlos lenken konnten. Dieser Umstand hat sogar schon Eingang in den Werbespot eines bekannten Futterherstellers gefunden. Wen seine Katze so anschaut, der findet besser schnell heraus, was sie wünscht. Wehren kann er sich sowieso nicht.

Die Leistungsfähigkeit dieser Augen ist auch der Grund, weshalb der Mensch bei nächtlichen Klogängen besser das Licht einschaltet. Tut er es nicht, im Vertrauen darauf, dass er seine Vier Wände ja kennt, läuft er Gefahr, über seine herum-spazierende Katze zu stolpern. Sie sieht mit einem Minimum an Helligkeit noch ganz ausgezeichnet.

Die Pfoten

An den Enden der Beine verfügt die Katze über Multifunk-tionswerkzeuge in vierfacher Ausfertigung. Ihre Eigenschaft als Abwehrsystem wurde bereits erwähnt. Achtzehn scharfe Krallen, die von der Katze in stets einsatzbereitem Zustand ge-halten werden, sorgen für Respekt.

Abbildung: Präzisionswerkzeuge zum Auftrennen von Häkel- und Strickpul-lis, Erstellen von Gravuren und In-taglio-Kunst, Verzieren mit Narbendekor, Kennzeichnen von Möbeln, Stempeln von Wäsche, Siegeln von Beton-flächen, Individualisieren der Motorhaube

Das Krallenschärfen erfolgt im Idealfall an einer vom Men-schen dafür vorgesehenen Stelle mit rauer Oberfläche. Die kleinste Verfehlung seinerseits kann aber zum Anlass werden, dass die Katze sich seinen Polstermöbeln oder der Weichholz-kommode zuwendet.

Die empfindlichen Ballen an der Pfotenunterseite nutzt die Katze gern für persönliche Botschaften. Die Redewendung, dass jemand seinen Fußabdruck hinterlässt, kann man hier wörtlich nehmen.

Die Stimme

Eine weitere Besonderheit der Katze ist der Umstand, dass sie eine auf den Menschen zugeschnittene Kommunikation entwickelt hat.

Unter Artgenossen kommt die Katze mit wenigen Lautäu-ßerungen aus, da ihre subtile Körpersprache problemlos ver-standen wird. Im Umgang mit den Zweibeinern erwies sich das jedoch als nicht ausreichend. Um also die kätzischen Wünsche und Anweisungen so mitzuteilen, dass sie beim menschlichen Empfänger ankamen, wurde die Katze zum Sprachgenie. Und sie kann nicht nur „Miau".

Sehr mitteilsame Exemplare verfügen über eine enorme Stimmgewalt, mittels derer sie mehr als 60 unterschiedliche Laute oder Lautfolgen von sich geben können. Auf der menschlichen Beliebtheitsskale rangiert das zufriedene Schnurren klar auf Platz Eins. Schlusslicht dürfte der nächtliche Gesang sein, mit dem Kätzinnen ihre Paarungsbereitschaft in die Welt schreien und womit interessierte Kater sich gegenseitig eine Kampfansage machen.

Bei aller Dominanz versteht die Katze es, uns immer wieder in ihren Bann zu schlagen. Unser Wohlverhalten belohnt sie mit liebevoller Zuwendung bis hin zur Fürsorge (in Form von kleinen Futtergeschenken, da wir ja offenbar selbst keine Mäuse jagen können).

Wir tun alles, um ein schnurrendes Fellbündel im Arm halten zu können, das uns blinzelnd betätigt: Mensch, du bist schon ganz in Ordnung.

Ja, das musste endlich mal in aller Deutlichkeit aufgeschrieben werden. Wir Katzen sind nicht irgendwelche Tiere – wir sind besonders, und das wird noch längst nicht genug gewürdigt.

Raggi's Weihnachtslied

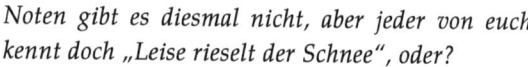

Noten gibt es diesmal nicht, aber jeder von euch kennt doch „Leise rieselt der Schnee", oder?

Falls jemand Blockflöte spielen kann, supi, aber nur gesungen reicht auch. Hier ist euer neuer Weihnachts-Hit, den könnt ihr schon mal üben:

Leider rieselt kein Schnee
Glänzend' Christbaum ich seh
Weihnachtlich duftet der Lachs
Fürchtet euch, heut gibt's Rabbatz

Päckchen mit baumelnder Schnur
Kleiner Zeitverlust nur
Drunter das weiche Papier
Freuet euch, den klau ich mir

Leise tröpfelt das Wachs
Heimlich speis' ich den Lachs
Mami deckt weiter den Tisch
Glaubt ja noch, gleicht gibt es Fisch

Heut ist heilige Nacht
Wut von Mami erwacht
Hör doch, wie lieblich es schallt
Freue dich, Pizza kommt bald

Interview mit einem Kater

Manuela „Nourani Gamal" Ehlert

Raggi: *Liebe Mitkatzen und Mitkater,*
Heute möchte ich mit euch ein interessantes Thema besprechen, das mich schon länger beschäftigt und uns Katzen auf dem Weg zur Weltherrschaft maßgeblich unterstützen könnte. Es gibt eine Alternative, wie wir unsere Fellosen dazu bringen, uns noch mehr Thunfisch zu servieren: die Tiermonnumiktation – Nee, Moment, Tiermonukikation? Ääääääh Mennooooo! Hey, Menschenschwester, wie heißt das noch, wenn wir Bilder austauschen?

Manu: Hey Raggi, schön von dir zu hören. Ich glaube, du meinst Tierkommunikation.

Raggi: *Jaaaaaa, richtig, genau das meinte ich. Dabei tauschen wir pathogenisch, empathonetisch? Bilder aus.*

Manu: Du meinst bestimmt telepathisch. ☺ Und nicht nur das, wir tauschen auch Gefühle, Geräusche oder Gerüche aus …

Raggi: *Waaaas? Heißt das, du hast mitgekriegt, wie ich gestern den dicken Brummer ins Klo gesetzt habe?????*

Manu: (lacht) Neiiiin, Katzenbruder. Das funktioniert nur, wenn wir beide Verbindung aufnehmen. Das ist wie beim Telefonieren: Man spricht nur miteinander, wenn man auch die entsprechende Nummer wählt und der Gesprächspartner auch rangeht.

Raggi: *Ach soooo – Puh, das wäre vielleicht peinlich gewesen. Also musst du zuerst mich sowas wie anfunken?*

Manu: Ja, und zwar am besten, wenn du im Raum bist und ich dich sehen kann, oder wenn ich ein Bild von dir habe, auf dem du allein zu sehen bist. Mit diesem Bild setze ich mich an einen ruhigen Ort und konzentriere mich darauf. Oft habe ich einen Block und einen Stift dabei, um alles, was mir beim Betrachten des Bildes in den Kopf kommt, aufzuschreiben oder aufzumalen. Gerade am Anfang sind solche Protokolle wichtig, damit man nichts vergisst. Wichtig ist, dabei alles aufzuschreiben, egal wie verrückt, krude oder abwegig der Gedanke, der einem in den Kopf kommt, ist.

Raggi: *Oooooh, du hast doch immer ein Bild von mir dabei, gell? Weil du mich ja sonst vermissen würdest. Gut, dass da sonst niemand drauf ist – sonst wäre ich ganz schön eifersüchtig.*

Manu: Stimmt, ich habe immer ein Bild von dir. Aber für eine Kommunikation ist immer ein möglichst aktuelles Foto wichtig. Und du musst da allein drauf sein, damit mir kein anderer „dazwischenquatscht" sozusagen. Sonst kann es sein, dass ich auch Bilder und Eindrücke von anderen Menschen oder Tieren aufschnappe.

Raggi: *Jo, das wäre auch ziemlich nervig. Der Django aus der Nachbarschaft, du weißt schon, der dicke rote Kater, den ich immer verkloppe, hat mir erzählt, dass das nicht alle Menschen können. Muss man da ein Talent für haben?*

Manu: Nein, das können tatsächlich alle Menschen. Aber so ausgeprägt, wie die Kommunikation zwischen uns funktioniert, kann man das nur, wenn man es lernt. Dafür gibt's Lehrgänge, wo man beigebracht bekommt, wie wir mit euch „reden" können, wie wir euch wiederfinden können und wie wir auch mit euch noch in Verbindung bleiben können, wenn ihr über die Regenbogenbrücke gegangen seid.

Raggi: *Achtung, ich mach jetzt mal Schleichwerbung (schleichen kann ich ja supergut): Meine Katzenschwester kann euch das beibringen.*

Manu: Raggi! Doch keine Werbung hier im Buch! Was sollen denn die Leser denken?

Raggi: *Wieso nicht? Wäre doch schön, wenn mehr Menschen das könnten, dann würde man uns auch schneller wiederfinden, wenn*

wir mal festsitzen und wenn wir mal wieder eine Extraportion Thun-
fisch haben möchten (grinst).

Manu: Hast ja recht Bro – und es kann wirklich jeder lernen. Wenn man genug Übung hat, kann man nicht nur mit seinen eigenen Tieren reden, sondern auch mit fremden. Viele Menschen, die Haustiere haben, reden eigentlich schon mit ihren Tieren – sie merken es nur nicht. Wenn man zum Beispiel das Gefühl hat, seiner Katze ein Stück Lachs zu geben, kann es gut sein, dass sie es ihrem Menschen gesagt hat. Oder wenn man den Eindruck hat, dass man fühlen kann, dass dem eigenen Tier etwas weh tut. Das Ganze beruht auf der Annahme, dass alle Wesen mit einem Bewusstsein verbunden sind und wir uns untereinander unterhalten und austauschen können. Da wir Menschen im Alltag viel um die Ohren haben, ist diese Fähigkeit verschüttet. Aber man kann sie wieder trainieren, so wie du deine Sprünge trainierst, um demnächst höher oder weiter springen zu können.

Raggi: *Aaaah, verstehe – und wenn man also genug geübt hat, kannst du alle Tiere verstehen – so wie eine Art Dr. Doolittle? Is ja cool. Wie genau übt man das denn? Ich könnte mir vorstellen, dass meine Leser gern wissen wollen, wie sie mir ihre Liebeserklärungen übermitteln können* (wirft Kusspfötchen in die Runde).

Manu: Am besten übt man erst mal an seinem eigenen Tier oder einem Tier, dass man kennt. Da viele Tiere keinen direkten Augenkontakt mögen, arbeiten wir Menschen mit Bildern von euch. Wichtig ist, dass man beim Üben nicht gestört wird, daher am besten alles ausschalten, was stören könnte: Türklingel, Handy, Telefon. Auch ein Zimmer, in dem man nicht gestört wird, wäre optimal.

Wenn ich eine Kommunikation starte, meditiere ich erst ein bisschen, zünde eine Kerze an und ein Räucherstäbchen, setze mich hin und komme zur Ruhe. Wenn ich das Gefühl habe, dass alle wichtigen und unwichtigen Gedanken aus meinem Kopf verschwunden sind, nehme ich das Foto in die Hand und stelle die Verbindung her. Ich stelle mir dabei zum Beispiel vor, wie sich eine silberne Schnur zwischen mir und dem Tier spannt, durch die ich Gedanken mit dem Tier austausche. Ich stelle mich vor und frage immer vorher, ob ich mit dem Tier reden darf. Wenn ich ein positives Gefühl oder ein „Ja" bekomme, stelle ich meine Fragen.

Wenn man mit der Tierkommunikation anfängt, sollte man einfache Fragen wählen, wie „Was machst du gerade?" „Was isst du gerne?" „Zeige mir deinen Lieblingsplatz" oder „Wie sieht dein Zuhause aus?". Die Bilder, die das Tier einem dann zeigt, schreibt man auf, je mehr Details, desto besser. Die Mitschrift kann man dann mit dem Besitzer vergleichen, wenn man am Ende der Kommunikation mit ihm spricht.

Raggi: *Aber wenn man diese Fragen mit der eigenen Katze übt, weiß man doch, wie das Zuhause aussieht. Gibt's auch Fragen fürs eigene Haustier?*

Manu: Ja klar. Man kann die eigene Katze z.B. fragen, ob sie einem die Lieblingsspazierroute zeigt, oder was sie gern als Abendessen hätte. Oder man kann fragen, was sie den Tag über erlebt hat.

Wenn man mit einem fremden Tier übt, eignet sich „Zeige mir deinen Lieblingsplatz" oder „Wie sieht dein Zuhause aus" natürlich am besten. Wenn man spürt, dass die Verbindung nachlässt, weil das Tier zum Beispiel müde wird oder einem „alles gesagt wurde", verabschiedet man sich und löst die Verbindung. Ich stelle mir dann vor, wie ich die silberne Schnur von meinem Gesprächspartner löse und zu mir zurückziehe. Erst dann bin ich wieder für andere erreichbar.

Man sollte sich vorher möglichst wenig von seinem Menschen erzählen lassen. Umso besser kann man mit dem Menschen später die Bilder vergleichen, die man gesendet bekommen hat.

Raggi: *Cool. Und so hast du mich damals auch wiedergefunden, als ich in dieser blöden Ragage – oder wars ne Garage? festgesessen habe?*

Manu: Genau. Deswegen hatte ich dich damals gebeten, dich umzusehen und mir zu zeigen was du siehst. Da du mir viele Bilder und Gerüche von dem Ort geschickt hast, an dem du festgesessen hast, konnten wir Menschen den Raum als eine Garage mit Fahrradteilen erkennen, und wir konnten anhand der Gerüche nach altem Öl und Fisch erkennen, dass es die Garage eines Anglers oder von jemandem, der Fische hat, sein muss.

Raggi: *Und wie habt ihr rausbekommen, wo die Ragage stand?*

Manu: Das habe ich mit Sandra zusammen rausbekommen, als ich dich gefragt habe, welchen Weg du gegangen bist, als du dich in die Garage geschlichen hast. Weißt du noch, ich habe dich gefragt, wie das Haus ausgesehen hat, das in der Nähe der Garage stand. Du hattest mir ein weißes Haus mit grünen Fensterrahmen geschickt und einen Garten mit weißen Figuren und einem Springbrunnen. Sandra wusste, wo das war und konnte so die Nachbarn gezielt ansprechen, dass sie mal nachgucken, ob du in ihrer Garage oder Gartenhaus eingesperrt wurdest. Deswegen konnte der Nachbar auch schnell reagieren und das Tor wieder öffnen, damit du nach Hause konntest.

Raggi: *Ja, das Haus mit den grünen Fenstern, stimmt. Das war direkt daneben. Zwei Gärten weiter wohnt auch der Django – Mann, dem muss ich immer klarmachen, dass ICH der Boss im Viertel bin.*

Manu: Das Haus war ziemlich markant für uns Menschen. Da wir ja nicht so gute Nasen haben, brauchten wir Hinweise, die uns ins Auge fallen, die wir nicht übersehen können. Wenn man mit der Tierkommunikation ein entlaufenes Tier nach Hause bringen möchte, ist es wichtig, nach auffälligen Dingen in der Gegend zu fragen. Einmal hat mir eine Katze, die einen Unfall mit einem Auto hatte, nicht nur den Ort gezeigt, wo sie sich versteckt hatte, sondern sie konnte mir sogar ein Straßenschild zeigen mit einem Straßennamen darauf. Leider konnte ich nicht den ganzen Straßennamen erkennen, aber der mittlere Teil des Namens war so markant, dass die Besitzerin sofort wusste, wo der Ort sein musste. Die Katze hatte mir auch geschickt, dass ihr die rechte

Hüfte und das ganze Bein wehtat, sodass sie nicht mehr laufen konnte. Deswegen hatte sie sich in einem Betonrohr an einer Baustelle versteckt. Sie hatte mir Bilder von dem Rohr, einem roten Bagger und einem auffälligen Weg mit einem Bahnübergang geschickt. Dadurch konnten wir sehr stark eingrenzen, wo sie war, um genau zu sein sogar auf 15m genau. Die Katze wurde von ihrem Menschen genau dort gefunden, wo meine Beschreibung sie vermutet hatte. Sie hatte einen Beckenbruch, und das Bein war auch gebrochen, aber heute geht es ihr wieder richtig gut.

Raggi: *Wow! Du konntest also auch fühlen, dass die Katze verletzt war? Geht das auch mit anderen Krankheiten?*

Manu: Ja, bei mir äußert sich das so, dass ich bei mir fühle, wie sich die Krankheit anfühlt. Wenn Püppi zum Beispiel wieder übel ist, ist mir auch übel, wenn ich sie frage, wie es ihr geht, oder ich habe Sodbrennen, wenn sie es hat. Oder wenn einer meiner Wellensittiche Kropfentzündung hat, fühlt sich das für mich an wie Sodbrennen und Übelkeit mit Brechreiz. Diese Art der Kommunikation hat mir oft geholfen einzugrenzen, was meine Tiere haben. Es macht vieles leichter. Ich konnte auch einer Katzenbesitzerin helfen, die sich nicht erklären konnte, warum ihr Kater Percy nicht ins Katzenklo machen wollte, obwohl er medizinisch nichts hatte. Als ich mit Percy sprach, sagte er mir, ihm wäre die Streu zu hart (Die Dame hatte eine sehr grobe Streu ausgewählt.). Ich sagte ihr, dass Percy die Streu zu unangenehm wäre und er lieber eine weichere, sandähnliche Streu haben wollte. Die Dame kaufte eine weichere Streu, tauschte die alte also vollkommen aus – und Percy ging ab diesem Tag auf sein Klo.

Raggi: *Bah, harte Streu – kann ich voll verstehen, die tut nicht nur an den Pfoten weh, die kratzt auch am Hintern. Ich bin froh, dass Mama die neue Streu mit den kleinen Körnern verwendet. Die kann man auch viiiiel besser umgraben. Sonst hättet ihr heut noch was von dem dicken Brummer, den ich gestern …*

Manu: Neeeeee lass mal, so genau wollen unsere Leser dieses Detail nicht wissen (lacht). Auch wenn es tatsächlich möglich ist, dass man bei einer Tierkommunikation mit euch so einen Geruch mal mitbekommt, wenn man euch gerade mal zum falschen Zeitpunkt kontaktiert.

Raggi: *Danke, liebe Katzenschwester, für diesen tollen Einblick in die Tierkommunikation – war das jetzt richtig?*

Manu: Ja, richtig. Schön, dass ich dir helfen konnte. Und ja, um deine nächste Frage vorwegzunehmen – ihr könnt uns damit noch besser überzeugen, euch eure Lieblingsleckereien zu geben.

Raggi: *Du kennst mich einfach zu gut (schnurrt). Ihr seht also, liebe Mitkatzen und Mitkater, heute wurde uns durch meine Menschenschwester eine neue, ultimative Möglichkeit gegeben, unsere Menschen noch besser zu überzeugen, uns unser liebstes Lecker zu servieren. Falls ihr also noch nicht die Gelegenheit ergriffen habt, eure Menschen per Gedanken zu motivieren, dann solltet ihr das unbedingt heute noch probieren. Da wir davon ausgehen müssen, dass die Menschen mitgelesen haben, wird das wohl nix mit der Weltherrschaft – obwohl die Hunde eigentlich nix dagegen hatten, jedenfalls nicht Püppi und Unkas, die bei mir mit im Haus wohnen. Ich hoffe, die hier vorgestellte Alternative zum üblichen Quengelmaunzen und Randalieren hilft euch weiter, wenn ihr wieder euer Lieblingsleckerchen haben wollt.*

Wisster Bescheid, ne?

Tschüsschen Küsschen

Euer Raggi

Auf der Suche

Was Raggi passiert ist, kann auch andere Katzen treffen und ihre Menschen in Verzweiflung stürzen. In den meisten Fällen ist der verschwundene Liebling gar nicht weit weg, und eine möglichst schnell eingeleitete Suche ist erfolgversprechender.

Nachfolgend darum einige Vorschläge, wie man dabei vorgehen kann/sollte.

Vorbeugende Maßnahmen

Die Katzen kastrieren lassen. Unkastrierte Tiere haben hormonbedingt einen größeren Freiheitsdrang und streifen in weiterem Radius herum.

Die Katzen chippen lassen. Der Tierarzt setzt den „Personalausweis" unter die Haut, der mittels Lesegerät überall erkannt werden kann. Auch reine Stubentiger sollten gechippt sein, denn ein Entwischen ist immer möglich.

WICHTIG! Die Katzen umgehend bei Suchdiensten (kostenlos) registrieren. Der Chip allein zeigt nur die Nummer. Erst mit der Registrierung kann eine gefundene Katze auch ihrem Halter zugeordnet und dieser verständigt werden. Zum Beispiel Tasso oder Findefix. Auf deren Webseiten gibt es ebenfalls viele Tipps für die Suche.

Stets aktuelle Fotos der Katzen bereithalten, anhand derer man sie wiedererkennen könnte.

Für den Fall, dass später ein Suchhund die Fährte aufnehmen kann: Ausgekämmte Haare in einem fest verschließbaren Tütchen aufbewahren.

Es gibt in den sozialen Medien spezielle Gruppen, die vermisste und gefundene Haustiere zum Thema haben. Am besten sich jetzt schon dort der regionalen Gruppe anschließen, man kann damit anderen helfen und selbst viel dazulernen. Und falls die eigene Katze gesucht werden muss, ist eine sofortige Meldung schnell gemacht.

Eine Liste anlegen mit den Rufnummern von Tierheimen, Tiersuchdienst, Tierärzten und sonstigen Stellen, die man im Ernstfall kontaktieren würde.

Mit der Katze den Rückruf trainieren. Sie sollte ihren Namen kennen oder sie sollte wenigstens auf ein bestimmtes Geräusch hin zum Futternapf kommen.

Neigt die eigene (Wohnungs-)Katze dazu, schnell durch den Türspalt flitzen zu wollen, kann im Idealfall eine Schleuse oder Zwischentür gebaut werden. Zum Garten hin einen Bereich ausbruchsicher abtrennen, den Balkon vernetzen. Fenstersicherungen bewahren auch vor Abstürzen.

Wenn die Katze weg ist

RUHE BEWAHREN! Wenn eine Wohnungskatze sich plötzlich draußen wiederfindet und den Rückweg nicht weiß, wird sie sich wahrscheinlich in der Nähe verstecken, an einem möglichst ruhigen Ort. Ihre beste Hilfe ist euer klares Denken.

Wo es möglich ist: Stellt das benutzte Katzenklo raus, dass die Katze es riechen und so den Weg nach Hause finden kann.

Fragt bei allen Nachbarn nach, in Kellern, Garagen und Gartenhäuschen nachzusehen, und nicht nur einmal. Wo ihr keinen Nachbarn antrefft, werft eine entsprechende Nachricht in den Briefkasten.

Auch Baustellen, leerstehende Gebäude und Schuppen bieten Verstecke. Leuchtet alles mit einer Taschenlampe aus, die Katzenaugen reflektieren das Licht. So kann die Katze gefunden werden, auch wenn sie vor Angst nicht auf euer Rufen antwortet.

Geht in den ruhigeren Abendstunden raus und ruft eure Katze. Wartet auf Antwort, lauscht aufmerksam. Geht ein Stückchen weiter und ruft wieder (lockende, fröhliche Stimme). Rappelt mit dem Futterkarton oder worauf auch immer ihr euch als Herkomm-Geräusch geeinigt habt. Wiederholt das, gebt nicht zu früh auf.

Meldet den Verlust bei den Suchdiensten und in den sozialen Medien. Für Passanten oder andere aufmerksame Menschen hängt Flyer auf – am Schwarzen Brett im Supermarkt, beim Tierarzt, an allen Stellen, wo euch das gestattet wird.

Falls die Katze keinen Chip hat, fragt regelmäßig in den umliegenden Tierheimen und Hilfsorganisationen nach, ob ein Tier abgegeben wurde, das eures sein könnte.

Diese Auflistung erhebt keinen Anspruch auf Vollständigkeit. Je nach Temperament und Persönlichkeit der Katze können noch andere Maßnahmen hilfreich sein. Dazu wiederum ist der Kontakt in so einer Facebook-Suchgruppe nützlich, denn die anderen Mitglieder haben für so gut wie jede Konstellation Ratschläge, oft aus eigener Erfahrung.

Die beste Suche bleibt aber jene, die gar nicht erst nötig ist.

Wie Hund und Katz'?

 *Bei euch lebt eine Katze oder mehrere, und ihr denkt darüber nach, einen Hund dazu zu adoptieren? Ja, herzlichen Glückwunsch zu der Entscheidung, das kann sehr nett werden. Damit alles glattgeht, habe ich hier ein paar Tipps für euch.*

Gemäß dieser alten Redensart kann zwischen den beiden Spezies keine Harmonie herrschen. Das ist aber erstens stark verallgemeinernd und zweitens in vielen Fällen klar widerlegt.

Die Urahnen der Hunde und Katzen haben je nach Lebensbereich ein ganz unterschiedliches Jagdverhalten entwickelt und dazu eine Körpersprache, die zu gegenseitiger Missdeutung geeignet ist. Das Raubtier steckt noch immer in unseren Haustieren, doch sie können lernen. In vielen Haushalten herrscht ein friedliches bis liebevolles Miteinander, die Tiere haben einen Weg zur Verständigung gefunden.

Wie kriegt man das nun hin? Am Beispiel meiner eigenen tierischen Mitbewohner möchte ich einen Weg aufzeigen, der gut gangbar ist.

Die Ausgangsposition: Meine Kater Naoko und Taki lebten seit vielen Jahren bei mir – ohne Freigang, da sie Träger des (nur unter Katzen) ansteckenden FIV-Virus waren. Dass irgendwann ein Hund dazukommen sollte, war von mir geplant, doch musste ich das Ende meines Berufslebens abwarten, um genug Zeit zu haben.

Falls meine Miezen jemals Hunde persönlich kennengelernt hatten, so lag das ewig lang zurück und war wahrscheinlich vergessen. Jedenfalls zeigten sie keine Anzeichen von Unruhe, wenn ich im Fernseher die verschiedenen Serien über Hundeerziehung laufen hatte und lautes Gebell daraus ertönte.

Taki interessierte sich überhaupt nur dafür, wenn es in einer Tiersendung um Vögel ging oder um andere Katzen. Aggression oder Angst zeigte jedenfalls weder er noch Naoko.

Wenn ich von einem Besuch bei Petra zurückkam (sie hat Hund und mehrere Katzen im Haus), wurde ich immer ausgiebigst beschnuppert. Diese Duftkombination war also ebenfalls bekannt.

Für das Zusammenleben musste ich ein paar Überlegungen anstellen, wie die Räume umgestaltet werden konnten. Bisher gehörte den Katern sozusagen alles. Heißt, sie durften sich aussuchen, wo sie liegen oder schlafen wollten. Dem zukünftigen Hund richtete ich zwei Ruheplätze ein (die natürlich von den Katern auch ausprobiert wurden), ein Liegekissen unterm Schreibtisch und eine Faltbox an einer ruhigen Stelle als Rückzugsmöglichkeit.

Den Futterplatz der Katzen rückte ich über einige Tage hinweg an eine Stelle, die größtmöglich entfernt lag von der, wo der Hund seinen Napf kriegen sollte. So konnte ich als Wächter zwischen ihnen stehen und für ungestörte Mahlzeiten sorgen.

Um auch das Stille Örtchen allein den Katzen zugänglich zu machen, übernahm ich die Idee von Petra, die mit einem starren Drahthaken einen Türspalt fixiert. Er ist dann nur so breit, dass die Stubentiger hindurchschlüpfen können, der Hund aber nicht (das funktioniert natürlich nur, wenn der Hund deutlich größer ist als die Katzen).

Für die erste Zeit der Eingewöhnung hatte ich mich mit Vorräten eingedeckt, sodass es nicht nötig sein würde, zum Einkaufen das Haus zu verlassen. Die Tiere miteinander allein zu lassen, das käme erst nach und nach dran.

Alles war bereit, der Hund konnte kommen. Unser neuer Mitbewohner war ein erwachsener Podenco aus dem Tierschutz, von seinem Vorbesitzer wahrscheinlich ausgesetzt, ehemaliger Kaninchenjäger.

Natürlich hatte ich mir das mit der Rasse auch ausgiebig überlegt. Windhunde gelten allgemein als ruhig im Haus, sie haben
ihre Bewegung draußen. Das kam auch meinen Wünschen entgegen, so ein unruhiger kleiner Quirl wäre nichts für mich gewesen.

Bei anderen Windhund-Leuten hatte ich reichlich Bestätigung
dafür erhalten, dass das Zusammenleben mit Katzen reibungslos
funktionierte.

Miguel zog ein. Spätabends holte ich ihn am Flughafen ab,
drehte zuhause ein paar Runden um den Block mit ihm und
brachte ihn dann rein.

Die folgende Entwicklung habe ich aus dem „Hundetagebuch"
entnommen, das ich als Gedankenstütze für ein geplantes Buch
über Miguel führte:

*Ich schließe die Wohnungstür auf und erwarte, dass die Kater
wie gewohnt dahinterstehen. Naoko ist da, in zwei Metern Entfernung, er sieht das fremde Wesen und bleibt auf Abstand. Miguel
zeigt keine Regung. Ich weiß ja nicht, was ihn draußen so aufgeregt hat schnüffeln lassen – Katzen waren es anscheinend nicht.*

*Der Hund steht da und wartet einfach ab. Wir gehen ins
Wohnzimmer, wo Taki noch auf dem Sofa liegt. Ich bringe Miguel
in sein Sichtfeld, damit er sich davonmachen kann. Das Wohnzimmer habe ich für heute als unsere Schlafstatt vorgesehen. Ich
auf dem Sofa, der Hund auf seinem Kissen, die Katzen wo sie wollen, aber nicht hier drin.*

*Der Hund, dem der stundenlange Transport noch in den Kno-
chen steckt, verkrümelt sich dankbar unter den Schreibtisch und
rührt sich nicht mehr. Ich stelle den Katzen noch einen Happen
Futter hin und schließe dann die Zimmertür hinter mir.*

*Am nächsten Morgen sitzen die Kater hinter der Tür und plat-
zen vor Neugier. Hunger haben sie auch, aber erst wollen sie wissen, was es mit diesem Neuen auf sich hat (der schläft immer*

noch tief und fest). Naoko kommt geduckt heran, beschnüffelt Miguels große Tütenohren und zieht sich langsam wieder zurück, aus dem Hintergrund beobachtet von Taki.

Der Hund ist immer noch sehr müde und bleibt auf seinem Kissen. Später sind er und Naoko bis auf eine Handbreit Nase an Nase. Kein Fauchen, kein Knurren. Miguel wendet den Kopf ab und gähnt. Er will keinen Stress mit den Katzen. Bestimmt kriegt Taki auch noch die Kurve, wir haben ja Zeit.

Ich sorge für entspannte, ruhige Stimmung und bleibe in der Nähe. Dass ich nachts auf dem Sofa schlafe, vermittelt Miguel ein Gefühl von Sicherheit und dass er hier nun sein neues Rudel hat. Die Kater haben mein Bett (in dem sie sonst auch schlafen) eine Weile für sich allein, noch bleibt die Tür zu.

Der dritte Tag. Naoko kommt öfters schauen, ob denn dieser Hund immer noch da ist. Und vielleicht sagt er sich: Dieser große Kerl wird mich nicht davon abhalten, mein gemütliches Leben weiterzuführen. Er macht es sich auf dem Sofa bequem, endlich wieder an der geliebten Heizung, dort entspannt er sich immer mehr. Schließlich schläft er sogar mit dem Rücken zu Miguel (der unterm Schreibtisch döst) ein, mit mir als Barriere dazwischen. Und selbst Taki überwindet sich heute und kommt zweimal aufs Sofa für ein paar Streicheleinheiten.

Wir bekommen Routine. Die Katzen gewöhnen sich daran, dass nun mehrmals täglich Unruhe im Flur herrscht, wenn Miguel und ich zur Gassirunde aufbrechen bzw. davon zurückkommen. Nach einer Woche ist das überhaupt kein Thema mehr, und diese Szene hätte ich filmen mögen: Es ist Zeit für die Nachmittagsrunde. Miguel steht abwartend im Flur, damit ich ihn anziehe. Naoko steht nur etwa 20 cm neben ihm und quäkt mich an, dass ich ihm etwas zu essen gebe (was ich verneine). Als der Kater erkennt, dass er keinen Erfolg hat, wendet er sich um und geht davon – genau unter Miguel durch. Als ob es das Selbstverständlichste der Welt wäre. Ein echt cooler Kater!

Und der Hund? Steht reglos wie eine Statue. Wahrscheinlich hat er gar nicht kapiert, welchen Fortschritt sie beide gerade gemacht haben. Ebenfalls ein cooler Typ!

Die Entwicklung geht weiter. Ich ziehe vom Sofa endlich wieder ins Bett um, Miguel bleibt unterm Schreibtisch. Das beruhigt mich, denn die Kater beanspruchen nachts schon genug Platz. Den großen Kerl auch noch mit dabei, das wäre mir doch zu viel.

Alles bleibt friedlich, darum beginne ich mit kurzen Einheiten, die Tiere mal miteinander allein zu lassen. Ein Gang in den Keller, kurz rüber zum Bäcker, auf einen Cappuccino ins Café setzen. Auch für das Futtermanagement schleift sich eine Routine ein. Miguel wird zweimal täglich gefüttert Die Katzen fressen öfter, dafür kleinere Portionen. Da kommt er natürlich auch an und will was. Ich lenke ihn mit ein paar kleinen Bröckchen ab, um keine Eifersucht aufkommen zu lassen.

Im Laufe der nächsten Wochen lernten die Tiere sich immer besser kennen. Ich konnte sie bald beruhigt sich selbst überlassen und einkaufen gehen, und es gab nicht eine Situation, die mir Sorgen bereitet hätte.

Nach etwa zwei Monaten hatte selbst Taki Vertrauen gefasst und ließ Miguel neben sich auf dem Sofa schlafen. Vielleicht interpretierte er ihn als eine Art große Katze, die komisch riecht.

Fazit: Es ist von Vorteil, wenn die Katze schon im etwas gesetzteren Alter ist und nicht mehr wild herumspringt (was einen Hund leicht animieren könnte, sie zu verfolgen). Wenn der Hund zuhause ruhig ist und die Katze nicht bedrängt, ist eine respektvolle Gewöhnung möglich.

Die Hierarchie sollte geklärt sein. Zwar geben Katzen allgemein wohl nicht viel darauf, aber für Hunde ist das wichtig zu wissen: Die Katzen sind die Chefs. Sie bekommen zuerst Futter, werden zuerst begrüßt und dürfen liegen, wo sie wollen.

Aus Erfahrung anderer Katzen- und Hundehalter ist auch jede andere Konstellation möglich. Nicht wenige Hunde finden ein verwaistes Katzenbaby irgendwo draußen und adoptieren es. Oder Kitten und Welpe wachsen gemeinsam auf und lernen spielerisch einander zu verstehen.

Wenn es mit der Vergesellschaftung nicht klappt, kann man nichts erzwingen. Falls die vorhandene Katze Freigänger ist, könnte sie sich sogar entschließen, lieber nach einem neuen, hundelosen Zuhause zu suchen. Wohnungskatzen wiederum könnten ihren Protest zum Beispiel durch Unsauberkeit ausdrücken, zwischen totalem Rückzug und offener Aggression sind außerdem viele andere Reaktionsstufen denkbar.

All diese Möglichkeiten sollte man zuerst in Gedanken durchspielen und sich einen Plan B überlegen. Ein Hund, der seinen Jagdtrieb auch zuhause ausleben will, passt nicht. Eine Katze, die kein bisschen gesellig ist, will vermutlich auch keinen Hund zur Gesellschaft.

Aber wenn die Charaktere passen und alles gut läuft, ist das ein sehr bereicherndes Zusammenleben.

Catwalk – Der Laufsteg für Katzen

Leonie Werneke

Ich hatte schon lange über Katzen als Haustiere nachgedacht beziehungsweise davon geträumt. Allerdings gab es immer einen guten Grund, diesen Wunsch auf das sicherlich allen bekannte „Später" zu verschieben, wenn es dann besser zum Leben passte. Das letzte Gegenargument war der nicht vorhandene Platz, die Wohnung war ja nur 46 qm groß, und der Kratzbaum sollte schließlich auch nicht direkt vor dem TV stehen.

Ein Besuch bei einem befreundeten Pärchen eröffnete dann neue Blickwinkel für die katzenfreundliche Wohnungsgestaltung. Besagtes Pärchen lebte selbst in einer nicht wesentlich größeren 2-Zimmer-Dachgeschosswohnung zusammen mit zwei Katzen: An den Wänden des Wohnzimmers waren Trittstufen, Bretter und Hängebrücken installiert, über die die Katzen klettern konnten.

So inspiriert habe ich das Konzept „Katzen in kleinen Wohnungen" nochmal mit Hilfe einiger Gedankenanstöße aus dem Internet überdacht und gedanklich die Wohnung bereits mehrfach neu eingerichtet.

Nach etwas Recherche findet man im Internet viele Beiträge und Shopping-Möglichkeiten zum Thema Catwalk, also Katzenmöbel, die an der Wand oder der Decke montiert werden. So stellt man den Katzen zusätzliche Klettermöglichkeiten zur Verfügung und erweitert gleichzeitig den für sie nutzbaren Platz in der Höhe.

Der eigenen Kreativität zur neuen Einrichtung sind keine Grenzen gesetzt, es gibt viele verschiedene Anleitungen, nach denen man selbst etwas bauen kann. Auch fertige Elemente werden angeboten, von spezialisierten Herstellern, von eher bekannteren Marken im Bereich Tierausstattungen und auch von

Schreinern, die mit individuellen Sonderlösungen werben. Entsprechend breit gefächert ist die Preisspanne für die Katzeneinrichtung.

Nun ging es an das Aussuchen der gewünschten Katzenmöbel, zur Auswahl standen verschiedene Variationen von Kratzstämmen zur Wandmontage, Laufstege und -bretter, Stufen, Hängebrücken und Liegen bzw. Höhlen.

Ich habe mich bewusst gegen Möbel zur Deckenmontage entschieden, da die Decken nicht sehr hoch sind und die kleinen Räume durch „herunterhängende Gegenstände" vermutlich sehr beengt gewirkt hätten. Auch wenn Deckenmöbel den Vorteil bieten, dass bereits vorhandene Wanddekoration nicht weichen muss und die Katzen unter der Decke quer durch den Raum toben könnten.

Der Plan nahm langsam Gestalt an, und als dann die zwei passenden neuen Mitbewohner gefunden waren, stellte sich heraus, dass diese auch schon über etwas Erfahrung mit Catwalks verfügten. Die Vorbesitzer hatten zum Beispiel Wandliegebetten über der Couch montiert, die aufgrund der erhöhten Liegeposition von den Katzen sehr gerne genutzt wurden.

Nach erfolgreicher Montage meiner ausgesuchten Katzenmöbel und Einzug der beiden Stubentiger ging es daran, den beiden die neuen Klettermöglichkeiten zu „erklären". Denn trotz ein paar Vorerfahrungen waren die beiden anfangs etwas schüchtern und womöglich auch mit den Aufstiegswegen noch überfordert.

Doch mit ein paar Leckerlis lässt sich jedes Leckermäulchen bestechen und Schritt für Schritt die einzelnen Stufen hochlocken. Inzwischen funktioniert der Aufstieg komplett ohne Bestechungen, und im Zweifel findet man die Katzen eher in luftiger Höhe als unter der Couch oder sonstigen Möbelstücken versteckt. Vor allem die Wandliegebetten kurz unter der Zimmerdecke sind besonders beliebt, egal ob für ein Nickerchen, als Aussichtsplattform oder als sicheres Versteck vor Staubsaugern und ähnlichen Gefahren.

Allgemeines Good-to-know:

 Ich habe meine Catwalk Ausstattung bei verschiedenen Anbietern gekauft, bei allen meinen Möbelstücken wurde das Montage-Material mitgeliefert, und alles macht auch einen stabilen Eindruck.

 Meiner bisherigen Erfahrung nach kommt es vor allem bei Trittstufen und horizontal zur Wand montierten Sisalstämmen als Aufstieg stark auf eine ausreichende Größe der Trittfläche an, damit die Katzen ein Gefühl von Sicherheit bekommen. Die Fläche sollte groß genug sein, dass die Katze sich ohne Probleme darauf umdrehen und sich auch darauf hinsetzen kann.

Die Catwalks sollten auf die Sprung- und Kletterfreude der Katzen angepasst werden. Eine meiner Katzen springt gerne und ohne Probleme bis zu 1,5 m hoch, um auf den gewünschten Platz zu kommen und erspart sich somit auch gerne das Hochlaufen über mehrere Stufen. Die andere bevorzugt einfache Aufstiege und bleibt im Zweifel lieber unten als einen halben Meter hoch springen zu müssen.

 Vorhandene Möbelstücke lassen sich wunderbar in den Catwalk integrieren, zum Beispiel als Lauffläche oder als Stufen in einem Aufstieg. Je nach Möbelstück sollte hier allerdings auf die Tragfähigkeit und glatte/rutschige Oberflächen geachtet werden, um Unfälle zu vermeiden.

 *Ihr braucht noch mehr Ideen? Ihr habt auch einen Balkon oder anderen Außenbereich zur Verfügung? Gebt im Internet das Suchwort „catio" ein und lasst euch Bilder anzeigen. Da gibt es viele supertolle Beispiele, die man nachbauen kann.*

Eine kleine FIV-Kunde

Das Feline Immundefizienz-Virus, kurz genannt FIV, ist dem menschlichen HIV, also Aids, vergleichbar. Es führt bei den infizierten Katzen zu einer Schwächung des Immunsystems und erhöht dadurch das Risiko einer (tödlichen) Erkrankung.

Ein Katzenfutterhersteller warb mit dem Slogan „Ist die Katze gesund, freut sich der Mensch". Unkritisch betrachtet konnte man das so interpretieren, dass die Katze bei guter Gesundheit blieb, solange man die Marke X fütterte.

Tja. Wenn es nur so einfach wäre ... Gesundheit ist allerdings nicht allein vom Futter abhängig. Ob körperliche Behinderungen oder Krankheiten, manches bringt der Freigänger als unliebsamen Erwerb von draußen mit, manches ist sogar schon angeboren. Darauf hätte auch das angepriesene Katzenfutter keinen Einfluss gehabt.

Viele solcher „Handicap-Katzen" sitzen in den Tierheimen, in Auffangstationen, auf Pflegestellen. Auch sie wünschen sich ein liebevolles Zuhause, wo man ihre vielleicht besonderen Bedürfnisse beachtet.

Leider schrecken viele Menschen davor zurück, ein Tier mit körperlichen Defiziten zu adoptieren. Einäugig oder dreibeinig scheint dabei noch akzeptabel zu sein. Besonders schwer aber haben es die Katzen mit chronischen Krankheiten. Man befürchtet, dass sie keine so lange Lebenserwartung haben, dass es ein baldiges, schlimmes Ende nehmen könnte.

Ich möchte den potenziellen Adoptanten Mut machen, sich für ein Handicap-Tier zu entscheiden und erzähle in diesem Kapitel ein bisschen über meine „FIVies".

Angefangen habe ich wie wahrscheinlich die meisten Katzen-
leute, nämlich mit Kitten. Und ich wurde gleich mit einer Behin-
derung konfrontiert, wie sich herausstellte. (Mein erstes Kätzchen hatte ein angeborene Schwäche in den Hinterbeinen, was
ihr einen etwas latschigen Gang verlieh und kraftvolle Sprünge
verhinderte. Mir war's egal, ich liebte sie so, wie sie war.) Über die
Jahre hinweg gaben sich mehrere Miezen die Klinke in die Pfoten,
und ich lernte allerlei über Katzengesundheit beziehungsweise
deren Fehlen.

Durch den Kontakt zu Petra von der Katzenhilfe Niederrhein
begegnete mir FIV zum ersten Mal, in Gestalt des Straßenkaters
Tyson. Man hatte ihn draußen in erbärmlichem Zustand aufge-
griffen und zu ihr gebracht.

„Dem kann ich leider nicht mehr helfen", sagte Petra. „Er hat
Katzenaids, und das Virus ist ausgebrochen. Aber er soll es auf
seine letzten Tage wenigstens noch mal schön haben, warm und
satt zu essen."

Um ihre anderen Pflegekatzen vor Übertragung des Virus zu
schützen, musste Tyson separat sitzen, aber er war zufrieden damit. Der Kater schien dankbar, dass man sich überhaupt um ihn
kümmerte. Er blieb so auch davor bewahrt, irgendwo draußen
elend zu verrecken, Petra sorgte für ein würdiges, schmerzfreies
Ende. Immerhin hatte er eine schöne letzte Woche gehabt.

An diesen Kater und sein trauriges Schicksal erinnerte ich
mich, als ich nach dem Tod meiner letzten Katze wieder nach
neuen samtpfotigen Mitbewohnern suchte. Ich fragte Petra, was
sie davon hielte, wenn ich eine Aidskatze – oder direkt zwei –
adoptieren würde.

„Das wäre eigentlich kein Problem", erklärte sie mir. „Solange
die Katzen nur Virusträger sind, es aber nicht ausbricht, ist alles

gut. Sie können wie ganz normale Katzen leben, außer dass sie nicht raus dürfen, um das Virus nicht zu verbreiten."

Ich informierte mich noch weiter darüber und fand auf den verschiedenen Tierschutzseiten im Internet auch etliche Aidskatzen, viele davon in Spanien, wo diese Blutuntersuchung zum Standard gehört.

Ein Pärchen sollte es wieder sein, zwei Katerfreunde. Die Streunerhilfe Katalonien hatte in ihrem FIV-Separee noch genau zwei Kater sitzen, allerdings war einer davon wegen einer Entzündung im Maul gerade in Behandlung. Ob ich den trotzdem haben wolle? In zwei Wochen würde der nächste Transport auf die Reise gehen, und es wäre doch schön, wenn man dann die ganze FIV-Abteilung geleert habe.

Schwierige Entscheidung. Ich sagte, das letzte Wort darüber müsse der Tierarzt haben. Wenn er den Kater für transportfähig hielte, solle er ihn mitschicken, er sei mir willkommen. Andernfalls eben erst einen Transport später.

Um die Behandlung zuhause fortführen zu können, lieh ich mir von Petra einen großen Käfig und stattete ihn als gemütliches Krankendomizil aus.

An einem Samstagnachmittag konnte ich die beiden Kater am Sammeltreffpunkt abholen, sie wirkten erschöpft von der langen Fahrt. Für Giux, den bereits kränkelnden Kater, war die Strapaze leider zu viel gewesen (oder der spanische Tierarzt hatte seinen Zustand zu optimistisch eingeschätzt). Noch in derselben Nacht tat er seinen letzten Atemzug. Am nächsten Morgen informierte ich den Verein.

Dies war und blieb das einzige Mal, dass einer meiner Kater sozusagen direkt an FIV verstarb.

Attila, der andere Kater, war nun allein, und er wirkte sehr verloren. Ich wollte ihm gern einen neuen Artgenossen suchen. Der Zufall wollte es, dass ein ehemaliger FIV-Käfiggenosse sein Heim verlor und schnell ein neues brauchte. So kam Naoko zu uns.

Nur vier Wochen zuvor hatte eine junge Frau ihn und eine Katze adoptiert, doch im neuen Zuhause war es mit der Harmonie bald vorbei. Aus der vorherigen Freundin wurde ein dominantes Raubtier, das nicht teilen wollte und dem armen Naoko jegliches Recht absprach. Sie verscheucht ihn von überall, und die Angriffe wurden täglich aggressiver.

Der Verein hätte ihn so schnell nirgendwo unterbringen und ihn nur mit dem nächsten Transport wieder nach Spanien zurückbringen können, also riefen sie mich an. Es sei zwar erst drei Tage her, dass ich Giux verloren hatte, aber ob ich mir vielleicht vorstellen könne, Naoko zu übernehmen?

Natürlich konnte ich. Und als ich hinfuhr und den kleinen schwarzen Unglückskandidaten abholte und dabei auch seine selbstbewusste, alles beherrschend Mitkatze kennenlernte, war die Problematik zwischen den beiden offensichtlich.

Bei mir zuhause angekommen, öffnete ich im Flur die Transportbox, Naoko kam heraus. In dem Moment erschien Attila in der Wohnzimmertür. Ein spannender Moment. Würde es hier besser laufen?

Sie sahen sich kurz an und dachten vermutlich beide dasselbe: „Ach, der … den kenn' ich doch schon." Die gemeinsame Zeit im spanischen Tierheim lag ja noch nicht so lange zurück, und unter (kastrierten) Katern ist das Miteinander vielleicht doch einfacher zu regeln.

Attila war bereits über zehn Jahre alt, die Spuren eines harten Streunerlebens sah man ihm deutlich an. Trotz seines sicherlich

freien Vorlebens zeigte er keinerlei Interesse, nach draußen gehen zu wollen. Er konnte Wärme, Zuwendung und regelmäßiges
Futter bei mir noch sieben Monate genießen, bevor seine Nieren
den Dienst versagten. Ich hätte ihm viel mehr gewünscht, doch
ich war auch froh, dass ich es ihm am Ende noch hatte schön
machen können.

Naoko, damals erst vierjährig, lebte viele Jahre weiter, ein un-
komplizierter kleiner Kerl, der nur liebgehabt werden wollte. Ich
sorgte dafür, dass nie ein Kater lange allein blieb, zeitweise waren es sogar mal drei FIV-Stubentiger.

Sie alle hatten dieselben Macken, Baustellen und Wehweh-
chen wie „normale" Katzen, also solche ohne Aidsvirus. Für mich
machte es keinen Unterschied. Und Freigang wäre so oder so
kein Thema gewesen, dazu finde ich mein Wohnumfeld nicht geeignet.

Aktuell leben zwei Aidskater bei mir, einer von ihnen wird irgendwann aufgrund einer völlig normalen Ursache über die Regenbogenbrücke wandern. Dann hinterlässt er einen freien Platz
für eine andere arme Seele, die aus missverstandener Übervor-
sicht niemand haben will.

Was bedeutet also FIV fürs Zusammenleben?

 Das Virus ist nur von Katze zu Katze übertragbar. Andere
Tiere können sich nicht damit infizieren, und Menschen
auch nicht.

 Die Übertragung erfolgt durch Bisse und blutige Kratzer,
oft in Katerkämpfen. Darum darf Freigang nicht (mehr)
gestattet werden, um das Virus nicht weiter zu verbreiten. Ein gesicherter Außenbereich ohne die Möglichkeit,

anderen Freigängern zu begegnen, wäre eine Alternative.

 Wo Katzen friedlich und verträglich miteinander leben und nicht kämpfen, können auch Aidskatzen mit Nicht-Virusträgern vergesellschaftet sein. Es gibt inzwischen viele Tierschutzvereine und -organisationen, die dies in ihrer Vermittlung befürworten.

 Ein ruhiges, stressfreies Leben wirkt unterstützend, dass das Virus nicht ausbricht. Häufiger oder andauernder Stress dagegen schwächt das Immunsystem zusätzlich und macht die Katze anfälliger für Krankheitserreger, die dann letztlich doch zum Tod führen können.

 Zwar gibt es bisher keine Impfung gegen Katzenaids und auch keine Heilung, wenn es ausgebrochen ist. Doch ansonsten können Katzen mit dem (inaktiven)Virus ebenso viel Freude am Leben haben und so alt werden wie andere, die nicht infiziert sind.

 *Traut euch! Gebt einem vom Schicksal benachteiligten Tier eine Chance. Und sprecht mit anderen Menschen darüber, denn so viele wissen einfach nicht Bescheid.*

Theorie und Wirklichkeit

Die Darstellung ist weit verbreitet: Ein Katzenpärchen, das sich über einen Zeitraum von 10 Jahren hinweg auf über 80 Millionen Exemplare vermehren kann, inklusive aller Kinder und Kindeskinder. Dafür wird angenommen, dass jede weibliche Katze jährlich zwei Würfe hat, von denen jeweils drei Kitten überleben.

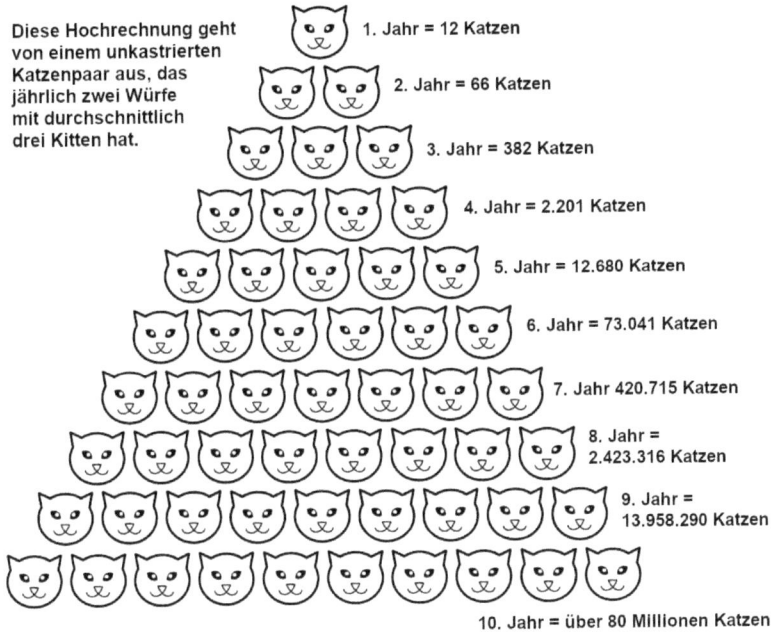

Diese Hochrechnung geht von einem unkastrierten Katzenpaar aus, das jährlich zwei Würfe mit durchschnittlich drei Kitten hat.

1. Jahr = 12 Katzen

2. Jahr = 66 Katzen

3. Jahr = 382 Katzen

4. Jahr = 2.201 Katzen

5. Jahr = 12.680 Katzen

6. Jahr = 73.041 Katzen

7. Jahr 420.715 Katzen

8. Jahr = 2.423.316 Katzen

9. Jahr = 13.958.290 Katzen

10. Jahr = über 80 Millionen Katzen

80 Millionen Katzen, das ist eine unvorstellbare Zahl und außerdem eine rein rechnerische Größe. Sie entsteht aus einer festen Formel, in der vorausgesetzt wird, dass eine bestimmte Anzahl der Kitten weiblich ist und dass alle Individuen zur Fortpflanzung gelangen, über mehrere Jahre hinweg. Man will mit dieser drastischen Errechnung verdeutlichen, dass die

Kastration freilebender Katzen oder Freigänger langfristig die beste Methode ist, um das Elend der Streunerkatzen einzudämmen.

Doch realistisch ist das nicht, sonst würden wir mittlerweile sozusagen knietief in Katzen stehen. Die Wirklichkeit sieht anders aus. Der Deutsche Tierschutzbund geht aktuell von etwa zwei Millionen Streunerkatzen aus. Legt man obige Rechnung zugrunde, wären die vor nur acht Jahren aus einem einzigen Pärchen entstanden. Das ergibt wenig Sinn, denn das Problem der Streuner besteht schon viel länger, und nicht nur hier.

Weniger zahlengewaltig, dafür realistischer ist eine Darstellung des folgenden Szenarios, das sich so oder ähnlich vielerorts tatsächlich abspielt.

Ort des Geschehens ist eine Schrebergartenkolonie, oder ein Firmengelände, ein Campingplatz ... in den Urlaubsländern auch gern die Umgebung eines Hotels oder einer archäologischen Stätte. Denn Streuner sind gar nicht so weit entfernt von uns. Wir sehen sie bloß nicht.

Eines Tages im Frühling erscheint also eine Katze (nennen wir sie A), sie ist scheu und hält Abstand zu den Menschen. Futter nimmt sie allerdings gern an, denn sie ist trächtig.

Sie wirft vier Kitten, zwei weiblich, zwei männlich, die sie gut versteckt. Es gelingt zwar, die Katerchen auf einem Reiterhof unterzubringen, die andern lassen sich nicht einfangen. Nach dieser Aktion ist die Katze noch misstrauischer und zieht sich weiter zurück.

Im Herbst ist die Katze wieder trächtig, denn es sind genug unkastrierte Kater draußen unterwegs, auch solche, die eigentlich ein Zuhause haben. Sie bekommt drei Kitten, davon wieder zwei Kater.

Eine Tochter aus dem ersten Wurf wurde überfahren, die aus dem zweiten Wurf ertrinkt in einem Pool, aus dem sie nicht herauskommt.

Im nächsten Frühjahr wirft A erneut, diesmal fünf Kitten, ihre Tochter B hat ihren ersten Wurf mit nur zwei Kitten.

Sieben Kätzchen und ihre beiden Mütter leben nun dort, von den Kleinen überleben nur drei, die anderen werden vom Fuchs geholt, sterben an Rattengift und werden überfahren.

Im Herbst des zweiten Jahres sind die Katzen A und B mit neuen Würfen beschäftigt, acht Kätzchen kommen hinzu. Außerdem hat die Katze C des vorigen Herbstwurfes jetzt ein eigenes Kitten, das alle Milch bekommt und gute Chancen hat, den Winter zu überstehen.

Der Frühling des dritten Jahres überrascht uns wieder mit süßen Kitten. Ur-Katze A sowie ihre Tochter B, dazu die beiden überlebenden Katzen D und E haben zusammen dreizehn Babys. Die Kater-Kinder der vergangenen Jahre sind entweder in eigene Reviere abgewandert oder wurden von anderen Streunerkatern vertrieben. Einer wurde bei einem blutigen Kampf mit FIV infiziert, das er nun an andere weitergeben wird. Ein anderer stürzte bei einem Kampf und brach sich ein Bein, es ist schief zusammengewachsen und behindert ihn. Sein Futter selbst jagen kann er nicht, an Futterstellen wird er von den stärkeren Tieren vertrieben. Seine einzige Chance ist, sich einfangen und zähmen zu lassen.

Katze B wird von einem Hund gebissen, sie stirbt an den Verletzungen. Ihre vier Kitten werden zwar von den anderen Katzen mitversorgt, doch für alle ist die Milch zu knapp. Drei von ihnen bleiben schwach und kränklich, sie überleben ihren ersten Sommer nicht.

Doch auch die Kitten, deren Mütter noch leben, haben keine sichere Zukunft. Eins ertrinkt in einer ungesicherten Regentonne, ein weiteres stirbt an einem Hundebiss, zwei werden überfahren.

So wird es Jahr um Jahr weitergehen. Kätzchen werden geboren, Kätzchen sterben, hinter jeder Mieze steht eine Schicksalsgeschichte. Manchmal wird ein Wurf rechtzeitig gefunden, um die Kleinen zahm zu bekommen und zu vermitteln. Doch wenn nicht auch die Mutterkatzen eingefangen und kastriert werden, setzt sich das Ganze fort.

Es wäre so einfach, diese traurige Pyramide in einer überschaubaren Größe zu halten. Gleicher Geschichtenanfang, andere Entwicklung:

Eines Tages im Frühling erscheint eine hungrige, trächtige Katze im Schrebergarten. Sie ist scheu und hält Abstand zu den Menschen, offenbar eine Streunerin. Man informiert sich, nimmt sofort Kontakt zu örtlichen Tierschützern auf und gewöhnt die Mieze behutsam an eine Futterstelle in einem leeren Schuppen. Um ihr den Platz noch begehrenswerter zu machen, wird eine gemütliche Wurfkiste bereitgestellt.

Bei einer Abendfütterung wird die Tür verschlossen, die Katze muss im Schuppen bleiben und wird dort weiter versorgt. Sie wirft vier Kitten.

Die Menschen versuchen die Kleinen an sich zu gewöhnen, das verbessert ihre Vermittlungschancen. Die immer noch scheue Mutterkatze wird kastriert, sobald die Kitten sie nicht mehr brauchen. Sie darf nach Genesung wieder raus und behält ihre Futterstelle.

Die zwei Katerchen gehen zu einem Reiterhof, wo sie als halbwilde Mäusefänger willkommen sind. Ihre Schwestern ziehen auf eine Pflegestelle der Tierschützer, wo man sie weiter zähmt und auf ein Zusammenleben mit Menschen vorbereitet. Sobald sie das passende Alter erreicht haben, werden die Kitten kastriert.

Katze A lebt gut versorgt weiterhin im Schrebergarten und kann dort uralt werden, vielleicht freundet sie sich eines Tages sogar mit den Menschen an.

Streunerkatzen führen ein heimliches Leben, meist bleiben sie unsichtbar. Die wenigen, die wir sehen, stehen für viele andere, die nur nachts herauskommen, die jeden Tag ums Überleben kämpfen und oft ihr erstes Lebensjahr nicht schaffen.

Kastrationsprogramme sind eine geeignete Maßnahme, um die Zahl der Streuner zumindest erst konstant zu halten und letztlich zu senken.

 Für eure künstlerische Betätigung habe ich wieder drei Motive ausgesucht, diesmal mehr im Zentangle-Stil. Tobt euch aus mit bunten Schnörkeln und Farbverläufen. Die Ausmalbilder könnt ihr kopieren und vergrößern, zum Beispiel als Wandschmuck. Oder ihr verkleinert sie, als Postkartengruß an liebe Katzenfreund/innen.

Anmerkung: Die Seiten 205 bis 209 dürfen für den privaten Gebrauch kopiert werden.

 *Katzen sind gar nicht so einzelgängerisch, wie immer behauptet wird. Viele von uns schätzen die Gesellschaft von lieben Artgenossen. In meiner Mensch-Tier-Familie gehören sogar Dackel dazu, und wir haben uns alle ganz doll lieb.*

Bilder und Fotos von uns an der Wand sind ja gut und schön, aber wir Katzen sind doch in echt viel dekorativer! Außerdem ist das eine tolle Möglichkeit, in einer kleinen Wohnung zusätzlichen Platz zu gewinnen.

Hier ein Brett, dort ein Treppchen, mit Blick zum Fenster ein gemütlicher Ausguck. Denn wir haben auch gern alles unter Kontrolle, von einem sicheren Ort aus, versteht sich.

Wie man einer Katze eine Tablette verabreicht

Ist das betreffende Medikament garantiert und nachweislich (Selbsttest) geschmacksneutral, können Sie die erforderliche Dosis zwischen zwei Teelöffeln pulverisieren und der Katze über ihr Lieblingsfutter streuen.

Die alternative Methode erfordert etwas mehr Körpereinsatz. Stellen sie alle benötigten Utensilien bereit.

Nehmen Sie die Katze auf den Schoß, öffnen Sie sanft ihr Maul und platzieren Sie die Tablette möglichst weit hinten auf ihrer Zunge. Halten Sie dann das Maul der Katze einen Moment geschlossen, um sicherzustellen, dass die Tablette geschluckt wird.

Sammeln Sie die ausgespuckte Tablette vom Boden auf und nehmen Sie eine neue. Fangen Sie die Katze ein und wiederholen Sie den Vorgang, mit mehr Entschlossenheit.

Holen Sie die ausgespuckte Tablette unterm Schrank hervor und nehmen Sie eine neue. Verarzten Sie den Kratzer an Ihrer Hand und pflücken Sie die Katze von der Gardine.

Leihen Sie sich beim örtlichen Schäferhundverein einen wattierten Beißschutz für Oberkörper und Arme und wiederholen Sie den Vorgang.

Lassen Sie beim Augenarzt die letzten Krümel der Tablette entfernen und erkundigen Sie sich beim Antiquitätenhändler nach einer Ritterrüstung mit Vollvisier.

Überzeugen Sie die Katze, aus dem Loch in der Polsterung des Sofas herauszukommen, nehmen Sie eine neue Tablette und wiederholen Sie den Vorgang.

Erklären Sie den Nachbarn und den Kriminalbeamten glaubhaft, dass die Schreie und das Blut kein Hinweis auf einen Mord sind.

Gießen Sie sich einen doppelten Schnaps ein.

Hindern Sie die Katze daran, durch den Toilettenabfluss zu entwischen, nehmen Sie eine neue Tablette und wiederholen Sie den Vorgang.

Rufen Sie den Tischler an, der damals Ihre massive Wohnzimmer-Schrankwand eingebaut hat, dass Sie mit seiner Hilfe die Katze hinter der Rückwand rausbekommen.

Erkundigen Sie sich im Esoterikladen nach einem Exorzisten.

Wenn das Medikament teuer ist, riskieren Sie jetzt lieber keinen weiteren Verlust. Rufen Sie den Tierarzt Ihres Vertrauens an und vereinbaren Sie einen Termin zur Tablettengabe in seiner Praxis.

 *Liebe Mitkatzen, macht es euren Menschen ein bisschen leichter. Sie wollen doch nur, dass ihr gesund bleibt oder werdet.*

Bringt ihnen bei, euch nach jeder Tablette ein besonderes Leckerchen zu geben, das ist doch dann eine angemessene Entschädigung, oder?

Tschüsschen Küsschen

Euer Raggi

Die Autor/innen

Dr. **Saskia Bannister**, geboren 1988, ist studierte Physikerin, die ihre Liebe zum geschriebenen Wort während ihrer Promotion im Fachbereich der biophysikalischen Chemie wiederentdeckt hat. Aktuell lebt sie in Hannover und ist als Entwicklungsingenieurin tätig. Dem Schreiben ist sie weiterhin treu geblieben.

Bisher sind mehrere ihrer Geschichten und Gedichte in Anthologien erschienen. Weitere Informationen hierzu sind auf ihrer Homepage www.saskiabannister.de zu finden.

Sandra Brock lebt mit Mann (Zitat: „dem besten Ehemann von allen"), zwei Dackeln („Die Spunkse") und einer Gruppe Katzen (zurzeit sechs) in Dinslaken am Niederrhein. Sie leitet die Tanzschule „Bodywave" in Wesel und ist Tanzlehrerin aus Leidenschaft, außerdem begeisterte Gärtnerin und Katzenfan seit ihrer Kindheit.

Im Hause Brock befindet sich im Dachgeschoss die Pflegestelle für die Katzenhilfe Bocholt e.V., über ihre Arbeit berichtet Sandra regelmäßig auf Facebook. Ihr Kater Raggi hat mittlerweile eine große Fangemeinde.

Der Link zum Tanzstudio: www.sahela.de

Nadine Buch 1976 im rheinland-pfälzischen Idar-Oberstein geboren, entdeckte auf dem Weg zum Fachabitur ihre Liebe zum Schreiben.

Bisher hat sie Kurzgeschichten bei verschiedenen Verlagen veröffentlicht, zwei Anthologie-Projekte als Mitherausgeberin unterstützt sowie an einem literarischen Adventskalender für Kinder als Co-Autorin mitgewirkt.

Seit einigen Jahren ist sie Mitglied bei der Autorengruppe Nahe und wurde 2017 zu einer der Preisträgerinnen des Lotto-Kunstpreises gekürt. Sie ist in einer Tierarztpraxis angestellt und entwirft regelmäßig neue

Ideen in unterschiedlichen Genres. Zuletzt durfte sie kurzweiligen Lesestoff in einer E-Anthologie der Verlagsgruppe Droemer Knaur unterbringen.

www.nadine-buch.de

Manuela „Nourani Gamal" Ehlert

Liora Eichhorn ist Jahrgang 1950. Sie ist inzwischen Witwe und hat zwei erwachsene Kinder und vier große Enkelkinder. Ihr ganzes Leben galt der Arbeit mit den Menschen. So lange sie denken kann, gab es in ihrem Haushalt immer Katzen, die ihr Leben sehr bereichert haben. Eine weitere Liebe in ihrem Leben ist das Malen, und dazu gehören auch Tierbilder. Es hat ihr sehr viel Spaß gemacht, sich an dem neuen Buch "Miezologie" zu beteiligen.

Anke Elsner Münster, verheiratet, zwei Söhne; Abitur 1975, Studium der Germanistik, Soziologie und Publizistik an der WWU Münster; MA 1985; zweijähriger Forschungsauftrag Stadtarchiv Bocholt; Familienzeit; ab 2002 Dozentin für „Deutsch als Fremdsprache" an der VHS Münster; seit 2013 Autorin; Nominierungen in (Kurzkrimi-)Wettbewerben; 1. Preise bei Literaturwettbewerben, u.a. Gewinnerin der „Mölltaler Schreibader"(Heiligenblut, 2019); über 30 Publikationen in Deutschland, Österreich und der Schweiz; Lesungen und Auftritte u. a. als Mitglied der Gruppe „AG Sargnagel"; eigene Kurzkrimi-Anthologie „Doppelkopp" (Brighton-Verlag, 2016).

kriminalgeschichten@arcor.de
ankeelsner.wordpress.com

Kristin Fieseler hat ihre Katzengeschichte dem treuesten aller Kater, nämlich "Karlchen" gewidmet, der schon seit fünf Jahren im Katzenhimmel weilt. Zurzeit leben die Katzendamen "Paulinchen" (7) und "Luna" (12) sowie das Kateduo "Sirius" und "Kobalt" in ihrem fünfköpfigen Haushalt.

Bisher hat sie 26 Kurzgeschichten (seit 2012) veröffentlicht. Ihr Brötchenjob heißt Technische Redakteurin, aber sie hat auch ein Zertifikat zur

Drehbuchautorin. Sie schreibt seit 2006 englische Drehbücher, die 2021 und 2022 internationale Preise gewonnen haben, zuletzt in L.A. und Prag. 2016 hat sie den zweiten Platz beim Kurzgeschichtenwettbewerb zeilen.lauf in Baden bei Wien gewonnen. Am 12. August erscheint ihr Reiseführer "Glücksorte in Paderborn".

Die Geschichte ist mit dem Titel "Ist da ein Kommunikationsproblem?" auch in vorgelesener Fassung zu hören unter https://www.youtube.com/watch?v=uUeeu3i--_4

Ihr Blog heißt http://lillibernstein.blogspot.com/ und ihr Instagram Account https://instagram.com/lillibernstein2.

Heidi Giebel Jahrgang 1942. Als Erzieherin arbeitete ich im psychologisch-psychologischen Bereich in einem Schulungszentrum für blinde und sehbehinderte Kinder und Jugendliche in München.

Meine große Liebe gehört der Natur. Meist bin ich mit der Kamera unterwegs und fange alles ein, was mir vor die Linse kommt. Heute lebe ich mit meinen Samtpfoten Flori und Salomé in Schleswig.

fischghraete@gmx.de

Margit Günster

Corinna Jedamzik

Natascha Kempers Ich bin 47 Jahre alt, gelernte Industriekauffrau und seit vielen Jahren kaufmännische Angestellte in einem mittelständischen Chemieunternehmen in meiner Heimatstadt Bocholt.

Mein Lebensgefährte und ich leben zusammen mit fünfzehn Katzen, zwei Eseln und zwei Ponys. Wir wohnen sehr ländlich.

2013 gründetet ich zusammen mit meiner Freundin Heike Uebbing und noch einigen anderen lieben Tierfreundinnen die Katzenhilfe Bocholt.

Die Leitung des Vereins neben meiner Vollzeitbeschäftigung lässt nicht mehr viel Zeit für Hobbys zu. Denn einen Tierschutzverein zu führen ist nicht immer eine schöne Aufgabe. Es ist oft stressig, nervig und traurig.

Einen Ausgleich dazu finde ich, wenn ich mit einem spannenden Hörbuch auf den Ohren die Putzarbeiten erledige. Das ist meine Meditation, dabei fahre ich runter und komme mental zur Ruhe.

Und all die kleinen und großen Fellkugeln, die wir retten können, entschädigen uns für die Mühen und Sorgen, die solche Vereinsarbeit mit sich bringt.

Besucht uns auf www.katzenhilfe-bocholt.de oder schreibt uns unter info@katzenhilfe-bocholt.de

Björn Lampmann Jahrgang 1971, geborener Münchner, ist ein Landei und lebt nahe der bayerischen Berge. Er liebt das Reisen und die dazugehörigen Geschichten. Immer wieder packte er seinen Rucksack, um ferne Länder zu entdecken. Einige seiner spannenden Reisegeschichten sind im Buch „Träume leben – Globetrotter-Mitarbeiter erzählen Reisekurzgeschichten" unter ISBN 9783739201788 (BoD) erhältlich.

„Im Herbst 2022 traf ich Silke Schäfer zu einem gemütlichen Kaffeeplausch. Mit dabei war ihr Hund Miguel, eine ganz treue Seele. Während ich dem Hund reihenweise Leckerlis in den Mund stopfte, kamen wir auf mein zugelaufenes Kätzchen Shakira zu sprechen. Spontan fragte mich Silke, ob ich nicht Lust hätte, eine Katzengeschichte zu schreiben. Und wie ich Lust hatte! Abgemacht, und so ist dieser Text entstanden."

Mein Name ist **Verena Meinhold**, ich bin 49 Jahre alt, Sozialwissenschaftlerin, und lebe mit meinem Mann und zwei Katern, Mika und Kami, in Duisburg. Neben meinem großen Hobby Katzen mache ich auch gerne Yoga, pflege unseren Garten und treffe mich mit Freunden.

Mika und Kami kamen 2016 als Kitten von der Katzenhilfe Bocholt zu uns. Sie sind Wurfgeschwister – zwei Brüder, die von Beginn an mit ihrem schwarzen Fell und dem „euligen" Blick unser Herz eroberten.

Wir haben seit 1992 Katzen – immer aus dem Tierschutz. Aber Mika und Kami sind schon zwei besondere Exemplare der Gattung Felidae, da sie hervorragend zu uns passen. Es kann aber auch sein, dass wir einfach nur genügend Erfahrungen über Katzen in den letzten Jahrzehnten gesammelt haben und uns somit das Zusammenleben als nahezu paradiesisch erscheint …

Marita Pollex

Die 1960 in Weinheim geborene **Ingrid Reidel** wuchs in einem kleinen Dorf am Rande des Odenwaldes auf. Ihr Vater war als Dorfschullehrer tätig und erzählte den Kindern gern Sagen und Märchen aus der Gegend. Die Autorin lauschte damals diesen Geschichten und entwickelte später daraus eigene. 1980 wurde sie Erzieherin. In diesem Beruf arbeitete sie zwanzig Jahre, schrieb Theaterstücke für Kinder und Kinderbücher. 1999 folgte eine weitere Berufsausbildung zur Mediengestalterin.

2012 nach dem Online-Studium „Autorin werden" verlegte Ingrid Reidel sich auf die Sparte Krimikurzgeschichten und Short-Storys im humoristischen Bereich. Besonders bekannt wurde sie durch ihren skurrilen schwarzen Humor. Die Autorin wurde mehrmals ausgezeichnet. 2017 gewann sie den Deutschen Kurzkrimi-Preis *Tatort Eifel*. Sie ist Mitglied bei den Mörderischen Schwestern und den Bloody Maries. Sie mag klassische Musik und Konfekt und liebt das Reisen in entlegene Ecken, auch wenn sie direkt vor der Haustür liegen, denn zu entdecken gibt es überall noch etwas. Ingrid Reidel hat eine Tochter und wohnt mit ihrem Partner in einem alten Anwesen in Weinheim.

www.ingrid-reidel.de

Elke Sacher

Silke Schäfer Jahrgang 1957, gelernte Grafische Zeichnerin, lebt in Duisburg. Als Ende der 90er Jahre ein beruflicher Wechsel in eine künstlerisch vergleichsweise trockene Sparte nötig war, blieb sie trotzdem – oder gerade deshalb – ihrer Liebe zu Bild und Wort treu. Zeichnen und das Verfassen von Kurzgeschichten waren ihr Ausgleich zum Arbeitsalltag.

Erste Veröffentlichung 2017 in der Weltentor-Anthologie *Fantasy*, Noel-Verlag. 2019 erscheinen zwei eigene Bücher im Themenbereich Fantasy, Fortsetzungen sind in Arbeit. Tierschutz ist ein weiteres Herzensthema, zuhause beflügelt durch die beiden FIV-Kater Taki und Valentin, nun auch mit Hund Miguel (über den es ein eigenes Buch gibt). Auch zu anderen Themen ist sie hin und wieder mit Kurzgeschichten in Lesungen vertreten, seit Anfang 2023 im alle zwei Monate stattfindenden „Kleinen Kulturcafé" in Duisburg-Homberg.   *www.silke-schaefer.de*

Isabell Ugol Die gebürtige Rheinländerin, die zunächst in einem Hundehaushalt aufwuchs, adoptierte im Alter von 21 Jahren endlich ihren ersten Kater, der dann ihre Erziehung übernahm. Trotz, oder durch seine Hilfe schaffte sie ihr Philosophiestudium, heiratete und lebte glücklich und zufrieden bis zu seinem Ende. Dieser große Verlust konnte nur durch die Adoption von zwei Katern, Möhre und Cashew, gemildert werden. Mit dem Frieden ist es jetzt vorbei, der Spaß aber hat gerade erst begonnen.

Ihre große Leidenschaft und Liebe gelten seit jeher Katzen, Tanz und Natur. Wenn sie nicht gerade als Tänzerin und Tanzlehrerin durch die Gegend fährt, ist sie sehr gerne zuhause und widmet sich außerdem dem Schneidern und Upcyceln von Kleidern und Kostümen, dem Tüfteln und Basteln, Gärtnern, Kochexperimenten an sich selbst und anderen, und nun auch der Schriftstellerei.

Leonie Werneke

Frank Zander, geboren 1966 in Polch, japankatze@gmx.de

(Anmerkung des Hg.: Mit dem gleichnamigen TV-Star weder verwandt noch verschwägert.)

Studio für Orientalischen Tanz

Bodywave

Tanzunterricht
mit Herz und Hüfte

Kurse für Anfängerinnen und Fortgeschrittene

Workshops zu verschiedenen Themen

Tanzprojekte, Tanzausbildung, Privatunterricht

Bei uns bekommt deine Hüfte den richtigen Schwung. Bauchtanz macht Spaß, du lernst neue nette Leute kennen, kannst dich wohlfühlen in angenehmer Atmosphäre und wirst dabei begleitet von einfühlsamen, gut gelaunten Trainerinnen.

Komm einfach vorbei zur Probestunde.

Aktuelle Infos und Angebote unter
www.sahela.de

Tanzstudio Bodywave, Am Blaufuß 22a, 46485 Wesel, 0281 - 8 11 00 95

Wir sind für Katzen da!

2013 fand sich eine kleine Gruppe von Katzenliebhabern zusammen, die vor dem Elend der Straßenkatzen nicht mehr länger die Augen verschließen konnten!

Im Februar 2014 entstand daraus unser Verein, die Katzenhilfe Bocholt e.V. Wir leisten diese Arbeit ehrenamtlich und unentgeltlich. Wir finanzieren uns durch Spenden und Mitgliedsbeiträge.

Unsere Aktivitäten:

- wir kümmern uns um verwilderte und ausgesetzte Katzen

- wir lassen herrenlose Katzen kastrieren, damit sie sich nicht unkontrolliert vermehren

- wir lassen kranke Tiere medizinisch versorgen, damit kein Tier sich selbst überlassen ist

- wir betreuen Pflegestellen

- wir pflegen die Zusammenarbeit mit anderen Tierschutzorganisationen, Tierärzten und Tierheimen.

Sie möchten unsere Arbeit unterstützen? Wir freuen uns über jede Hilfe - bitte kontaktieren Sie uns.

Nur zusammen sind wir stark.

TIERSCHUTZ MIT HERZ

www.katzenhilfe-bocholt.de

0177-710 42 98

info@katzenhilfe-bocholt.de

FELIMANIA

Eine Anthologie mit vielen kurzweiligen Geschichten, dazu Tipps und allerlei Nützliches rund um das Zusammenleben mit Katzen.

Paperback, 224 Seiten, Preis 12,80 Euro (davon gehen 2,- Euro als Spende an die Katzenhilfe Bocholt e.V.)

ISBN: 9 783752 643442

Jahrzehntelang lebte die Autorin mit Katzen zusammen, jetzt kommt zum ersten Mal auch ein Hund ins Haus. Ein Podenco soll es sein.

Das Tagebuch der Vorbereitungen und der ersten Zeit im neuen Zuhause, mit vielen Anregungen für Erst-Hundehalter.

ISBN: 9 783755 739555

Starke Frauen, tapfere Helden, Drachen, Geheimnisse, Romantik, Magie, Drama, Humor

Kommt mit auf die Reise in eine neue Fantasywelt - Terrandessa erwartet euch!

Die Links zu Leseproben und zur versandkostenfreien Direktbestellung gibt es unter www.silke-schaefer.de/buecher

ISBN: 9 783748 193043   ISBN: 9 783750 425323